서울대생들이 소통을 한다?

서울대생들이 소통을 한다?

윤석민 · 한수연 엮음

서울대학교출판문화원

Prologue

서울대생들이 소통을 한다?

I

이 책은 서울대학교 학부 학생들이 기획하고 실행에 옮긴 '서투르지만 의미심장한 소통의 시도'들을 담고 있다.

서울대 학부생들이 누구인가? 서울대학교가 지금까지 누려온 명성, 사회적으로 이룩해온 성과, 그리고 미래 전망의 중심에 서울대 학부 학생들이 있다. 넓고 아름다운 캠퍼스, 그 위에 세워진 수백여 동의 건물들, 연간 8천억 원에 육박하는 예산, 2천여 명에 달하는 교수진 등 서울대가 보유한 모든 자산은 서울대학교가 매해 엄선해 받아들이는 이들 학부 학생들을 기반으로 형성되어 발전해온 것이다.

서울대 학부 학생들은 말 그대로 바늘구멍 같은 상상하기 어려울 만큼 치열한 입시 경쟁을 뚫고 서울대에 들어온 인재들이지만, 이들에 대한 사회적 평가가 반드시 호의적인 것은 아니다. 몇 년

전, 필자는 서울대 학부 교육의 문제점을 주제로 서울대 내의 주요 단과대 교수들이 참여하는 간담회를 주재한 적이 있다. 다음은 그 자리에서 나왔던 지적들이다.

> 패널 디스커션을 해보면 요약해서 전달하는 능력은 탁월하다. 하지만 발표하는 것을 들어보면 남의 입장을 이해하는 공감능력이 굉장히 약하다. _의과대학 L교수

> 부모들의 과보호 밑에서 성장하다 보니 막상 대학에 입학한 후에 교수님들이 부모와 같은 역할을 해주지 못하는 데서 문제가 발생한다. 학생들이 너무 사소한 것들까지 채워주기를 원한다. _음악대학 C교수

> 관계를 맺는 능력(social skill), 공동체 의식, 협업 능력이 떨어진다. _사범대학 K교수

> 사람을 만나고 소통을 할 때 경쟁적이고, 방어적(defensive)이다. 자신의 약점을 보여주지 않는다. _자유전공학부 H교수

사실 서울대 학부 학생들이라고 우리 사회의 또래 집단들과 무

엇이 다르겠는가? 이들은 우수한 학업 능력을 지니고 있지만 동시에 앳되고 순수하며 탈권위주의적인 현시대 한국 사회의 전형적인 젊은이들이다. 때로는 미숙하고 철이 없지만 건강하고 활기차며 꾸밈없는 우리의 사랑스런 아이들이다. 하지만 이들을 오랜 기간 짓눌러온 입시 교육이 이들을 '편협하고 경직된 경쟁적 인성'의 틀 안에 꽁꽁 가둔 것이다.

이들을 자신이 선택한 커리어에서 최고의 능력을 발휘함과 동시에 사회적으로 자유와 평등을 실천하고, 협소한 삶의 지평을 넘어 세계시민으로 활약하며, 이기적 행복추구를 넘어 공공의 이익 및 사회적 약자에 대한 노블레스 오블리주(noblesse oblige)를 실천하는 진정한 엘리트로 성장시키는 길은 무엇일까?

이러한 교육 목표야말로 서울대 학부 학생들 스스로 품고 있는 꿈인 동시에, 지극정성으로 이들을 키워낸 부모님들, 그리고 우리 사회가 이들에게 걸고 있는 바람이다. 서울대가 존재하는 기본적인 이유도 여기 있을 것이다. 우리는 어떻게 이러한 교육 목표를 달성할 수 있을까?

결론을 미리 제시하면 필자는 이 질문에 대한 답이 '소통 능력의 배양'이라고 믿고 있다. 나와는 다른 타인의 존재와 관점을 이해하고, 타인의 아픔을 공감하며 더불어 살아갈 수 있는 능력이 그것이다. 더 나아가 필자는 서울대 학부 학생들의 소통 능력 배양이 서울대 학부 교육의 개선을 넘어 한국 사회가 현재 처한 답답한 정체

상태를 극복하기 위한 의미심장한 교육 혁명의 첫걸음이라고 본다.

II

우리 한국 사회는 20세기 후반에서 21세기 초반에 걸쳐 세계가 주목하는 경제성장과 민주화를 달성하였다. 지나친 단순화의 위험에도 불구하고, 21세기 한국 사회가 추구하는 발전목표는 이러한 경제·정치 영역에서의 성과를 토대로 고도화된 삶의 질을 보장하는 궁극적 근대성의 사회상태, 이른바 '선진화된 시민 민주주의' 사회로 나아가는 데 있다고 할 것이다.

선진화된 시민 민주주의 사회란 삶의 제반 영역에서 성숙한 민주주의가 자리 잡고 있는 사회다. 파격과 일탈이 폭넓게 관용되면서 동시에 공공적 통제와 명령이 신뢰되고 효율적으로 작동하는 사회, 개인이나 집단의 차이가 차별이 아닌 다양성으로 수용되는 사회, 안정되어 있으면서 변화에 대해 폭넓게 열려 있는 사회, 진보와 보수가 균형을 이루며 공존하는 사회, 다수의 이익이 보장되는 가운데 소수의 권익이 폭넓게 배려되는 사회가 그것이다.

이러한 사회가 실현되기 위한 토대가 고도화된 사회적 소통이다. 미시적으로 사회의 다양한 구성원·조직·단체가 다양한 공식적·비공식적 채널을 통해 자신들의 욕망·주장·이해관계를 자유롭게 표출·공유·조정하고, 그 결과로써 거시적으로 정치·경제·

사회·문화 영역의 제반 활동이 효율적이면서도 민주적으로 기획·연계·조절되는 상태가 그것이다. 이러한 사회적 소통의 중요성을 강조하는 사회 이론의 적실성이 학계를 넘어 사회적으로 지금처럼 깊은 공감을 얻는 시기는 없었다.

한국 사회가 산업화와 민주화를 넘어 사회발전을 지속해가기 위한 최우선의 조건 역시 '건강하고 역동적인 사회적 소통 시스템'의 구축이라 할 것이다. 하지만 이러한 소통 시스템의 구축은 쉬운 과업이 아니다. 사회적 소통은 도리어 종종 오작동 상태에 빠져든다. 실제로 한국 사회의 소통은 총체적인 난맥상(이른바 "소통의 위기") 상태에 빠져 있으며, 사회 갈등과 문제의 해법이 아니라 원인으로 작용한다는 평가를 받고 있다.

이를 보여주는 사례는 무수하다. 시기를 2000년대 이후로 국한해도, 2004년 노무현 대통령 탄핵 사태 이후 불거진 이른바 '탄핵방송' 논란, 2005년 황우석 줄기세포 연구의 진실을 둘러싸고 미디어들이 보인 애국주의적 편향성과 전 국민적 패닉 상태, 2008년 이명박 정부 출범 직후 국정 운영을 마비시킨 광우병 괴담, 2009년 "내전"으로까지 비유되는 국론분열을 초래한 미디어법 개정과 그 과정에서 미디어들이 드러낸 극단적 진영 논리, 2010년 천안함 침몰 원인을 둘러싸고 끝없이 이어졌던 음모설, 2011년 170일을 끌었던 MBC 파업 사태, 2012년 말 대선 당시 주요 미디어들의 국정원 선거 개입 은폐·축소 보도 논란, 그리고 2014년 봄 온 국민을 비통함과 분노의 도가니에 빠뜨렸던 세월호 참사 당시 발생했던 대통령의 7시간 소통단절, 그리고 일부 방송사들이 드러낸 참담한 보도행태에 이르기까지, 사회적 소통 및 이를 매개하는 미디어들의 오작동 사례들이 꼬리에 꼬리를 물고 이어졌다.

이처럼 쳇바퀴처럼 되풀이되는 사회적 소통의 문제는 정치권력과 미디어 내에서만 목격되는 현상이 아니다. 앞다투어 공익을 내세우는 시민단체들 간의 갈등 속에서, 노사 간의 수렴되지 않는 대립 속에서, 네티즌 간의 인격파괴적 설전 속에서, 무심코 내보낸 소셜 미디어의 한마디가 야기하는 소란과 말썽 속에서, 소소한 문제에도 분노를 참지 못하고 거친 언사를 주고받는 우리의 일상 속에서, 말 그대로 사회적 삶의 전 층위에서 '너'와 '나', '우리' 사이에 상시적이고 전면적인 소통의 병리현상이 드러나고 있다. 이는 공정성, 합리성, 프로페셔널리즘, 객관적 사실관계, 이성적 평정, 신뢰, 관용이 아닌 당위성, 아마추어리즘, 격정, 부풀려진 공포, 불신, 분노조절장애, 편협함, 군중심리가 빚어내는 거대한 사회적 불협화음이다.

III

우리는 어떻게 이러한 사회적 소통의 문제를 극복하고 우리 사회가 지금까지 이루어온 발전의 흐름을 이어갈 수 있을까?

이는 지난 10여 년 간 필자가 전념해온 연구주제였다. 우리 사회가 겪고 있는 소통의 위기는 우리 사회 구성원의 시민적 덕성(civic virtue)의 성숙도, 미디어 체계, 정치권력, 미디어 정책 시스템 및 그 안에서 생산되는 정책과 같은 역사적·사회구조적 요인들이 복잡하게 얽혀 나타나는 현상이라는 것, 따라서 이러한 요인들을 복합적으로 고려하지 않은 채, 단기적으로 또는 정치공학적으로 '대통령의 통치 스타일 변화', '국정홍보전략'의 강화 내지 미디어 시스템의 섣부른 개혁과 같은 방식으로 문제를 바로잡으려는 시도는 타당하지 못할 뿐 아니라 자칫 문제를 악화시킬 수 있다는 것이 그 연구들을 통해 필자가 도달한 결론이다. 소통의 위기는 인내심을 갖고 중장기적 비전으로 접근해야 하는 난제인 것이다.

하지만 필자는 우리 사회 소통의 문제를 해결하기 위한 노력의 시작과 끝은 정치권력, 미디어, 미디어 정책 시스템, 그리고 미디어 정책에 앞서, 사회적 소통의 주체인 사회 성원의 상태를 개선하는 데 있다고 믿는다. 정치, 미디어, 정책, 이 모든 변수들의 토대에 사회 구성원들의 상태가 놓여 있기 때문이다. 특히 미래 한국사회를 짊어질 젊은 엘리트 인력의 소통 능력 배양은 그 중요성을 아무리 강조해도 지나침이 없을 것이다.

IV

필자가 기회가 될 때마다 서울대 학부 학생들을 대상으로 한 소통 교육의 중요성과 이러한 교육을 수행하기 위한 기반 구축의 필요성을 강조하고, 실제로 지난 수년간 소통 교육 인프라('서울대 커뮤니케이션 센터')의 구축 및 교과과정의 개선에 매달렸던 것은 이러한 이유에서였다.

동시에 필자는 '커뮤니케이션의 이해'라는 대규모 전공 입문 과목을 통해 사회적 소통현상의 본질이 무엇이고 한국 사회에서 소통이 왜 중요한지를 다양한 전공의 학부 학생들에게 전달하고자 나름 애써왔다.

그러다 어느 날 불현듯 한 가지 생각이 떠올랐다. 서울대생들에게 정작 필요한 것은 소통의 본질 및 중요성에 대한 지식의 전수에 앞서 실제로 타인과 소통을 시도해보는 경험, 즉 '소통의 기획과 실천'이 아닐까? '공부'는 잘하는 반면 '실천'이 부족한 이들을 대상으로 언제까지 공부만 시킬 것인가?

그래서 고안한 과제가 학생들이 실제로 소통을 기획하고 실천하는 프로젝트였다. 구체적으로 프로젝트는 두 개의 세부 과제로 구성되었다. 첫째는 "내가 소통하고 싶은 사람"이라는 과제로 소통하고 싶은 대상을 선택하고 그와 실제로 소통을 하기 위한 계획을 수립하는 것이었고, 둘째는 "소통을 시도하다"라는 과제로 앞서 수립한 전략을 실천에 옮기는 것이었다. 소통 대상의 선정, 소통 계획의 구상, 소통의 수행 및 소통 결과에 대한 보고 및 평가까지 소통의 전 과정을 학생들이 2~3인의 팀을 짜서 자기주도적으로 수행하는 프로젝트였다.

이러한 프로젝트를 학생들에게 내주면서도 필자는 이 시도가 얼마나 성과를 거둘지 확신이 없었다. '공부만 잘할 뿐, 관계를 맺거나 공감하는 능력이 약한 서울대 학부 학생들이 과연 제대로 된 소통을 기획하고 수행할 수 있을까?'

하지만 학생들이 일차로 제출한 소통 기획안은 기대 이상이었다. 그들이 소통하고자 한 대상들은 세월호 참사 피해자 가족, 일진 청소년, 농아인, 독립출판사 대표, 실천적 미디어 학자 강준만 교수, 서울대의 전설적인 동아리 선배, 혼밥족을 위한 밥친구 연결 모바일 애플리케이션 개발자, 저명한 진보성향의 경제학자 이준구 교수, 문화 충돌을 겪었던 탄자니아 출신 유학생, 그리고 성매매 여성 자활지원센터 관계자를 망라했다. 그 속에는 접근 자체가 쉽지 않고, 소통 자체도 어려우며, 어떤 의미에서 소통을 피하고 싶은 참담한 고통 속의 사람들, 사회적 약자 내지 일탈집단이 포함되었다. 이들과 소통하기 위해 학생들이 짜낸 진지하고, 기발하며, 따뜻한 아이디어들이 기획안을 읽는 내내 필자의 가슴을 뭉클하게 했다. 이들의 소통 시도를 책으로 묶어 소개해야겠다는 생각을 갖게 된 것이 이때쯤이다.

기획안을 실천에 옮기면서 학생들은 많은 어려움을 겪었다. 혼자 하는 과제가 아니라 팀 프로젝트다 보니 팀원들 간에 갈등도 적지 않았다. 연락 자체가 쉽지 않은 상대들을 대상으로 접촉을 시도하고, 약속을 잡고, 만나서 얘기를 풀어가는 매 단계가 학생들에게는 고생길이었다. 과연 이들이 시도한 소통의 성과는 어떠했을까? 서울대 학부 학생들의 좌충우돌 소통 시도가 궁금한 분들은 이어지는 장들을 살펴보기 바란다.

이 책은 총 11개 장으로 이루어져 있다. 이를 필자는 크게 〈사회와의 소통〉, 〈소통 약자와의 소통〉, 〈캠퍼스 내 소통〉이라는 3개의 주제로 묶어보았다. 1부 〈사회와의 소통〉에는 '일진' 청소년, 세월호 참사 피해자 가족 및 자원봉사자, 독립출판사 대표, 소통 전문가인 강준만 교수와의 소통, 2부 〈소통 약자와의 소통〉에는 농아인, 성매매 여성 자활지원센터 실무자, '나'와의 소통, 그리고 3부 〈캠퍼스 내 소통〉에는 혼밥족을 위한 모바일 애플리케이션('두리두밥') 개발자, 서울대 탁구부 및 댄스 동아리의 '전설' 선배들, 탄자니아 유학생, 서울대의 저명한 경제학자인 이준구 교수와의 소통이 포함되어 있다. 각 장은 학생들이 애초 제시한 소통기획안, 실제로 수행된 소통활동, 그리고 이에 대한 필자의 평가로 구성된다.

독자 입장에서 자신에게 같은 과제가 주어졌다면 어떤 대상을 골라 어떤 전략으로 어떻게 소통을 시도했을까라는 관점에서 이들의 소통 시도를 품평해보고, 각 장의 말미에 달린 필자의 평가와 자신의 생각을 비교해보는 것도 흥미로울 것이다.

이 책이 나오기까지 많은 도움이 있었다. 무엇보다 2015년 봄 학기에 '커뮤니케이션의 이해' 수업을 수강하며 열과 성을 다해 소통 프로젝트를 수행한 서울대 학부 학생들에게 고마움을 표하고 싶다. 이 과제가 우리 사회가 요구하는 참된 엘리트로 이들이 한걸음 더 성장하기 위한 소중한 훈련이 되었으리라 믿는다. 학생들의 소통 요청에 귀중한 시간을 내어주고 그 결과물의 출간을 허락해준 소통 대상자분들께도 감사드린다.

오랜 시간을 들여 학생들 및 소통 대상자분들과 일일이 연락을 취하고, 학생들이 제출한 거칠고 어수선한 보고서들을 정리하고 체계를 잡아준 한수연 선생(2015년 봄 학기 '커뮤니케이션의 이해' 수업 조교)의 헌신적인 수고가 없었다면 애초에 이 책이 나올 수 없었을 것이다. 원고를 알차고 세련된 책으로 편집해준 서울대학교 출판문화원 관계자분들, 특히 불편한 몸에도 불구하고 좋은 책을 만들고자 최선을 다해준 현우진 편집자께 심심한 감사를 표한다.

이 책은 지금까지 필자가 출간해온 학술 연구서들과는 거리가 있다. 하지만 대학에서의 소통 교육 진작, 더 나아가 우리 사회의 소통 문제 해결 차원에서 미미하나마 가치 있는 일을 시도한 듯해 학술 연구서를 출간했을 때 이상으로 마음이 뿌듯하다.

이러한 시도는 앞으로도 계속될 것이다.

박근혜-최순실 게이트가 우리 사회를 무겁게 덮고 있던 시기,
연구실이 위치한 커뮤니케이션 센터 맞은편의 4.19 기념탑을 바라보며,
우리 사회의 민주주의와 소통을 한 걸음씩 힘겹게 진전시킨
그 뜨겁고 순결한 희생들을 온마음으로 다시 새기며 …

윤석민

차례

1부
사회와의 소통

탈선행위는 일상적인 놀이다

'일진' 청소년

사회학과 조현
사회과학계열 이상도

1

우리가 소통하고자 하는 대상은 바로 불량 학생, 다시 말해 '일진' 청소년이다. '일진'에 대한 정의는 다소 모호할 수 있으나, 우리는 일진을 '학생의 신분으로 용인되지 않는 탈선행위를 하는 학교 내 무리'로 정의하였다. 이러한 일진은 학교 내에서 일종의 권력놀이를 함으로써 다른 학생들을 그들이 만들어낸 위계질서에 순응하게 만든다. 그들이 일으키는 학교 폭력과 탈선행위는 매스컴 등에서 끊임없이 지적되어왔다.

우리는 일진과 가까이 지내본 적도 있고, 일진에게 실제로 금품을 갈취당하고 괴롭힘을 당한 경험이 있었기에 이 문제가 더 와 닿았다. 그들과 가까이 지내면서도 왜 그러한 탈선행위를 하는지 이해하지 못했고, 괴롭힘을 당하면서도 왜 그들이 다른 학생을 괴롭히는지 궁금했기에 우리는 일진이라는 존재와 소통할 필요성을 느끼게 되었다.

또한 일진 문제가 전 사회적으로 의제화된 지 오래고 다양한 해결책이 제시돼 시행되어왔음에도 불구하고, 왜 아직까지 이 문제가 계속되고 있는지 직접 알아볼 필요성을 느꼈다. 일진 문제가 애초에 해결될 수 없다는 회의주의에 빠지지 않는다면, 지금의 현실은 현재까지의 해결 방안이 적절하지 못했다는 결론을 내리게 한다. 이미 그들의 행동 및 심리, 동기에 대해 학계의 다양한 연구가 존재한다. 우리는 일진 청소년과 직접 소통해보면서, 지금까지의 접근방식이 맞는지 틀린지 알아봐야 한다고 생각했다. 그리고 이제 막 고등학교를 졸업한 우리가, 오히려 나이 지긋한 학자보다 일진 청소년들의 깊은 내면을 더 효과적으로 들여다볼 수 있을 것이라고도 생각했다.

소통을 준비하며

우리가 원하는 소통

일진과 소통을 함으로써 우리는 다음과 같은 효과를 얻을 수 있을 것이라고 기대한다.

첫째, 탈선행위의 원인과 동기를 보다 정확하게 파악할 수 있을 것이다. 현재까지 일진 문제가 해결되지 않았다는 것은 그 문제의 원인을 정확하게 파악하지 못했다는 뜻이다. 그간 학자들이 일진 청소년들과 소통하는 데 한계가 있었을 수 있다. 이미 어른에 대한 저항심을 가지고 있는 아이들이 '어른들이 잘못했다고 하는 행위'의 동기를 이야기하기는 어려웠을 것이다. 우리는 일진과 가까이 지내본 경험이 있기 때문에 그들의 입장을 보다 잘 이해하고 공감대를 형성할 수 있어 일종의 '라포르rapport'를 이루어낼 수 있을 것이라고 생각한다. 이를 통해 일진이 탈선의 동기를 보다 솔직하게 털어놓을 수 있을 것이라고 기대한다.

둘째, 일진 문제 해결을 위한 그간의 커뮤니케이션 방법과 정책의 문제점을 파악할 수 있을 것이다. 그동안 일진 문제를 해결하는 과정에서 사회와 청소년들 사이의 커뮤니케이션은 잘 이루어졌는지, 어떤 문제점을 가지고 어떤 방향으로 나아가야 할 것인지 아이들의 입장에서 이야기를 들을 수 있을 것이라 기대한다. 또한 이를 기반으로 어른들의 관점만 담은 해결 방법이 아니라 보다 아이들에게 효과적으로 적용될 수 있는 해결 방법을 모색해낼 수 있을 것이라고 생각한다.

셋째, 단순히 일진 문제를 이해하는 데 그치지 않고 소통 과정에서 일진 청소년들을 조금이라도 교화할 수 있을 것이라고 기대한다. 궁금한 점만 알고 끝내는 것은 의미가 없다고 생각한다. 필자들은 실제로 일진과 가까이 지내다가 반성하고 교화된 사람으로서, 소통을 하는 과정에서 그들을 어느 정도 설득할 수 있을 것이라고 생각한다.

어떻게 소통할 것인가?

효율적인 소통을 위해서는 대면face to face 소통을 해야 한다. 그렇다면 일진들을 직접 만나야 하는데, 그들이 쉽게 응해줄 리가 없다. 일본의 유명한 비행청소년 구제 교사이자 『얘들아 너희가 나쁜게 아니야』의 저자 미즈타니 오사무水谷 修는 위험을 무릅쓰고 거리에 나가 직접 아이들에게 말을 걸고 친구가 되는 방법을 택했다. 하지만 일진 청소년들이 있는 거리에 직접 나가서 소통의 대상을 구하는 것은 신변상 위험이 있을 수 있다. 최선책은 주변 중학교, 고등학교에 찾아가서 요청하는 것이다. 하지만 이는 학교가 허용하는 선 안에서만 소통이 가능할 것이라는 문제가 있다. 차선책은 지인들에게 연락하여 면담을 요청하는 것이다. 과거 알고 지냈던 일진 무리에 속했던 지인에게 연락했고, 일부에게 부탁한 결과 가능할 것 같다는 반응이 있어 전망이 긍정적이다.

소통 대상에 접근한 뒤에는 소통 대상에게 과거 일진과 가까이 지내본 경험을 털어놓는 '자기 노출'을 통해 라포르를 우선 획득할 것이다. 한 번에 모든 커뮤니케이션이 이루어질 것이라고 생각하지 말고 자주 노출을 하여 친밀감을 형성하고, 인터뷰어와 인터뷰이라는 관계보다는 '친구'의 개념에 더 가깝게 인식되도록 노력할 것이다.

하지만 소통의 목적을 어느 정도 숨길 필요도 있다고 생각한다. 교화를 목적으로 한다는 것을 처음부터 밝혔다가는 반감을 일으켜 오히려 소통이 불가능해질 위험이 있기 때문이다. 이를 위해 『괴짜 사회학』의 저자 수디르 벤카테시의 접근법을 차용할 것이다. 사회학도로서 빈민가 갱들에게 두터운 신임을 얻고 참여 관찰 연구를 통해 빈민가 사람들의 심리를 심도 있게 연구한 벤카테시는 자신의 목적을 솔직하게 말하기보다는 갱 일원의 자서전을 써주겠다는 이야기로 그들의 환심을 샀다. 물론 연구 대상에게 거짓말을 하는 것은 분명 연구 윤리에서 벗어나기 때문에 소통 대상자에게 환심을 얻기 위한 거짓말은 하지 않을 것이다. 다만 교화가 목적이라기보다 친구가 되고 싶다는 것을 우선적으로 보여주면 친밀감을 형성하는 데 보다 용이할 것이라고 생각한다.

소통 그 후

애초에 우리는 지인 중 청소년기에 '일진 청소년'으로 분류된 적이 있는 사람과 대화를 나누거나, 그런 지인의 후배 중에서 면담 대상을 선정하려고 했다. 하지만 면담의 목적을 밝히자 대부분이

면담을 거부하거나 꺼리는 일이 일어났다. 이에 우리는 현재 불량 학생으로 분류되고 있는 지인의 후배를 어렵게 전화 인터뷰할 수밖에 없었다. 게다가 교화 이야기를 꺼내는 것을 지인이 추천하지 않았기 때문에 애초에 의도했던 교화의 효과는 기대하기 어렵게 되었다. 우리는 인터뷰 내용을 일탈 행위에 대해 구체적으로 알아보고, 청소년 탈선 조직이 어떻게 구성되며, 학교는 문제를 해결하기 위해 어떠한 태도를 취하고 있는지 알아보는 데 집중하기로 했다. 인터뷰 대상이 된 지인의 후배는 이하 A로 칭하겠다.

지방 일진 청소년과 전화 인터뷰

탈선행위의 유형을 알아보는 것은 어렵지 않았다. A가 거부감을 느끼지 않도록 하기 위해 "어떤 탈선행위를 했느냐?"라고 묻는 대신에 "학교에서 친구들이랑 놀 때 보통 어떻게 노느냐?"라 물으며 시작했다. 애초의 예상과 다르게 A는 자신이 저지른 혹은 목격한 탈선행위에 대해 말하는 데 전혀 거리낌이 없었다. 오히려 너무나도 자연스럽게 자랑하듯이 말한다는 느낌이 들었다.

지방의 빈민 가구가 모여 있는 지역에서 고등학교를 다니고 있는 A는, 자신의 학교는 공부를 잘하는 아이들이 다니는 학교는 아니고 대부분의 아이들이 좋은 대학에 가려고 노력하지 않는다고 말했다. 공부를 열심히 하는 학생들은 아주 극소수에 불과하고 대부분의 학생들이 정도의 차이가 있을 뿐, 자신처럼 탈선행위를 하게 된다고 말했다. "우리한테는 그게 노는 것"이라고 A는 탈선행위를 정의했다. 조금 더 구체적으로 말해달라는 부탁에 A는 "담배는 기본으로 피우고요. 애들이랑 오토바이도 타고 그래요."라고 대답했다. 오토바이는 어떻게 구했냐는 질문에는 "대부분은 배달 아르바이트 할 때 쓰는 오토바이를 몰래 쓰고요. 돈 빼앗아 그 돈으로 사거나 훔치는 애들도 있어요."라고 했다.

선생님 패는 학생들, "그냥 노는 것"

아이들과 어울리면서 폭력이나 범죄에 연루된 적이 있느냐는 질문에 A는 "저의 경우에는 아직까지는 범죄라고 할 만한 것까지 하지는 않았어요. 그런데 주변에는 선생님 패는 애들도 있고 여자애들 성폭행한 애도 있고. 싸움은 뭐 다들 하고요. 후배 때려서 이빨 나가게 해 교도소 다녀온 애도 있어요."라고 답했다. 사실 어느 정도 심한 범죄행위를 했을 것이라고 예상은 했지만 생각보다 강한 정도에 충격을 받을 수밖에 없었다. 특히 "선생님을 팬다"는 말이 충격이었다. "교사로서의 권위가 추락했다고요? 그게 체벌이 없어지면서 그런 게 아니라 애초에 저희 학교에는 그런 게 없었어요. 애들이 선생님한테 뭐 배우려고 학교 가는 게 아니라 그냥 친구들이랑 놀러 가는 거니까요. 그런데 선생이 우리가 노는 데 방해를 한다, 그러면 애들이 화나는 거죠."

A는 자신들이 탈선행위를 하는 것이 사회에 딱히 불만이 있거나 집안이 가난해서가 아니라고 설명했다. "주변 친구들이 다들 하고 그냥 저희한테는 그게 노는 거니까요. 물론 특별히 자기 반항심을 표출하려고 하는 애도 있겠지만 일단 제 주변 애들은 그래요."

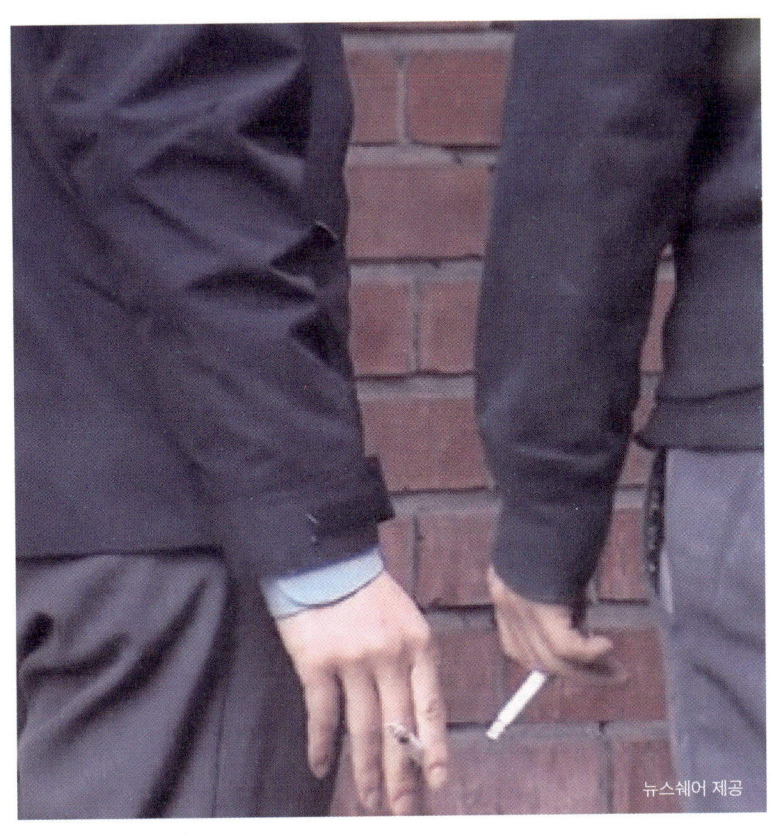

"선생님도 막장"… 양심의 가책 없어

그런 탈선행위를 하다가 걸리면 어떻게 되느냐는 질문에 A는 애초에 걸리는 경우가 많지 않다고 답했다. "걸리는 애들도 있고 그런 애들은 벌을 받기도 하고 그러죠. 그런데 사실 걸리는 경우 자체가 많지 않아요. 이미 다 포기한 선생님들이 많거든요. 뭐 뻔히 보고도 쟤들은 원래 저런 애들이니 그러려니 하는 경우가 많아요. 사실 다른 고등학교 선생님들은 어떤지 모르겠지만 저희 학교는 선생님들도 막장이거든요. 체벌 금지한다고 그러는데 그건 남 얘기고, 저희 학교 선생님들은 여자애들도 막 발로 차고 그래요."

전화 인터뷰를 마쳐갈 때 쯤, 우리는 조심스럽게 탈선행위가 잘못된 것이라는 것을 알고 있는지 물어보았다. "당연히 잘한 건 아니라는 거 알죠. 그런데 주변에서 뭐라고 하는 사람도 별로 없고, 딱히 양심의 가책을 느끼지도 않으니까요."

일진 고교생과 직접 만남

지방의 일진 청소년을 전화 인터뷰한 것만으로는 부족하다고 느꼈기 때문에 우리는 서울시 소재의 고등학교 학생을 만나보기로 하였다. 우리는 서울대학교 근처의 S고등학교에 직접 방문해 인터뷰 대상을 찾았다. 교복을 줄였거나 파마 머리를 한 남학생들 위주로 다가가 면담을 요청했다. 사례금을 제시했음에도 시간이 없음을 이유로 모두 거절하였다. 특히 증빙자료로서 사진 촬영을 해야 한다고 했을 때는 된다고 했던 학생들도 불편한 얼굴을 한 채 거절했다. 얼굴은 가리고 어떠한 인적사항도 묻지 않을 것이며 철저히 익명을 보장한다고 강조했을 때야 비로소 한 명이

면담에 응했다. 편의를 위해 이 S고등학교 학생을 B라고 하겠다.

우선 우리의 학창시절 이야기를 하며 공감대를 형성하였다. 그럼에도 지인을 통해 탈선행위에 대해 물어볼 것에 대해 미리 양해를 구한 A와 달리 B는 매우 경계하는 태도를 보였다. 우리는 '학교생활불만족 실태 조사' 중이라고 하며 접근했다.

"재밌어서" 탈선하는 불량 학생

학교 시스템 중 가장 불만족스러운 점을 물었다. 여러 가지 불만이 토해져 나올 줄 알았는데 의외로 "그다지 없는 것 같다."라는 대답이 돌아왔다. 혹시 학교에 불량스러운 학생들이 있는지, 있다면 그들에게 피해를 입는 학생이 있는지 물었다. 여기에 우리가 학교생활을 하며 불량 학생들에게 피해를 입었던 사실을 덧붙였더니, 답변이 자연스럽게 나왔다. 그는 "학교에는 불량스러운 학생들이 있고, 사실은 내가 거기에 속한다. 다만 주위 학생들에게 피해를 입히지는 않는 편이다."라고 하였다. 이 답변을 기점으로 자연스럽게 불량 학생들에 대한 질문을 할 수 있게 되었다. 우리는 불량 학생을 직접 만난 것에 대해 놀랍고 흥미로운 관심을 표현하였고 B는 그에 대해 기분 나빠 하지 않는 눈치였다.

우리는 B와 인터뷰하면서 A와는 다소 다른 일진 청소년의 모습을 발견할 수 있었다. 다양한 범죄행위와 다른 학생들, 또는 교사에 대한 폭력에 연루된 A와 같은 유형의 일진 청소년과 달리 B는 "다른 학생들을 위협하기보다는 함께 노는 것이 재미있어서 몰려다닐 뿐"이라고 말했다.

처벌은 귀찮을 뿐 효과 없다

그렇다면 본인 스스로 불량 학생이라고 하였는데 본인, 또는 같이 다니는 친구들이 하는 어떤 행동이 불량 학생으로 규정되게 한다고 생각하는지 물었다. B는 "담배를 피우거나, 선생님에게 반항하는 것 같이 주변에서 보았을 때 안 좋게 여겨지는 행동들인 것 같다."라고 하였다. 그런 행동을 하다가 학교에서 걸리면 어떻게 되느냐는 질문에, "학교에서 봉사를 하고, 반성문을 쓰게 하는 선생님도 있다."라고 답했다. 그런 대책이 어느 정도 태도를 바꾸게 하는 데 효과가 있느냐는 질문에 B는 웃으면서 "하도 자주 하다 보니까 그냥 귀찮은 거지 별로 큰 효과는 없는 것 같다."라고 대답했다.

에필로그

소통 전 우리는 나이가 지긋한 전문가가 아니기 때문에 학생들이 마음을 더 쉽게 열 것이라고 생각했지만, 애초에 전문성이 떨어져 아이들을 만나는 것조차 힘들었다. 그리고 조금이라도 교화의 느낌이 들어 있는 질문을 하려고 하면 '당신들이 뭔데 그러냐?'는 반응이 나왔다. 초기 계획서에서 준비한 소통의 목적인 교화를 포기할 수밖에 없었던 것도 여기에서 기인했다.

비록 소통이 1회에 머무르고 보다 내면적인 이야기를 하는 데에는 실패했지만, 이번 소통으로 얻은 결과 중 주목할 만한 것들이 있다. (물론 인터뷰 대상인 A와 B에 국한된 것이고 일반화시키기 어려울 수 있다는 한계를 먼저 밝힌다.) 가장 큰 발견은, 청소년 탈선행위의 원인이 기성세대에 대한 반항심이나 사회에 대한 불만이 아니라는 것이다. 일진 청소년들에게 탈선행위란 그저 주변 친구들이 다 하는 일상적인 놀이와 같은 것이었다. 또한 일진 청소년들은 자신들의 행동이 잘못된 것임을 인정하고 있지만, 양심의 가책을 느끼거나 행동을 수정할 필요성을 느끼지 못하고 있다는 것을 알 수 있었다. A는 자신의 탈선 행위가 잘못된 행동인 줄은 알지만 주변의 어른들도 이미 포기를 했고 자신도 양심의 가책을 느끼지 않는다고 말했고, B는 그러한 행동이 어른들이 보기에 불량하게 보이는 행위는 맞지만 실제로 피해를 주지는 않기에 수정할 필요는 느끼지 못한다는 반응을 보였다. 마지막으로 일진 청소년 문제를 해결하기 위한 학교의 대처 방안이 아주 미흡한 수준에 그치고 있다는 문제를 제기한다. 대부분 반성문 쓰기, 교내 봉사활동 등 보여주기식의 형식적인 대처만 반복하고 있는 것으로 보인다.

feedback from prof.

이 과제물은 담당 교수와 조교를 놀라게 했다. 우리 사회의 고질적인 청소년 문제인 '일진' 문제를 직접 다루겠다고 나선 두 학생의 아이디어 자체도 대견했고, 소통에 임하는 이들의 자세 역시 훌륭했다.

학창 시절 일진 문제를 실제 경험했고 괴롭힘을 당한 적도 있었다는 당사자들이 일진 청소년을 대면하는 것은 불편할 수도 있는 상황이다. 그럼에도 두 학생은 시도를 두려워하지 않고, 일진 청소년과의 직접 소통을 통해 일진 문제가 해결되지 않고 있는 원인을 들여다보고자 했다. 방법론적으로도 포기하지 않고 자신들의 기획을 밀어붙이고자 했던 이들의 근성에 높은 점수를 주고 싶다. 애초에 두 학생은 지인을 통한 일진 청소년 섭외를 기획했다. 한 명을 섭외해 전화 인터뷰에 성공했으나, 결론을 내리기에 충분치 않다 여긴 이들은 임의의 일진 청소년을 즉흥적으로 섭외하는 방법을 고안했다. 그 과정 역시 순탄치 않았다. 사례금을 제시해도 인터뷰에 응해주는 일진 청소년을 쉽사리 찾지 못했다. 몇 번의 시도를 거절당했음에도 불구하고 포기하지 않고 섭외 스킬을 바꾸어가며 집요하게 인터뷰를 성사시킨 이들의 노력이 기특했다. 인터뷰에 응한 청소년의 경계심을 풀게 하기 위해 시도한 여러 가지 노력 등에서 이들의 고군분투가 느껴졌다.

실제 소통 과정에서 일진 청소년들은 어른이 아닌 대학생 형, 누나를 좀 더 친밀하게 여기고 그들이 느끼는 바를 거리낌 없이 털어놓았던 것으로 보인다. 아마 그 과정에서도 두 학생이 10대들의 언어를 이해하고 공감하고자 하는 노력을 기울여주었을 것이라고 판단된다. 이러한 노력 덕에 일진 청소년들 스스로 자신들의 탈선, 또는 일탈 행위를 어떻게 생각하는지 그 민낯을 어느 정도 확인할 수 있었다고 본다.

보고서 역시 대체로 매끄럽게 잘 서술했다. 학생들은 '일진'이라는, 흔히 쓰이지만 다소 애매한 개념을 본인들 나름대로 정의 내린 뒤에 소통 계획서를 작성해나갔다. 소통의 대상과 목표 역시 명확하게 제시되었고, 실제 소통을 한 뒤에 작성한 보고서 역시 두 개의 인터뷰를 일관성 있게 구성하였다.

다만 보고서의 완성도 측면에서 당초 계획 수립 단계에서 제시했던 목표들을 더 구체적으로 짚어내지 못했던 점이 아쉬움으로 남는다. 다시 말해, 방대하고 구체적인 기획 의도에 비해 이에 대한 답이 다소 부족하다고 느껴졌다. 당초 소통 계획서상의 소통의 목표는 세 가지로 제시되었다. 첫째, 탈선행위의 원인과 동기 분석, 둘째, 일진 문제 해결을 위한 그동안의 커뮤니케이션 방법 및 정책의 문제점 파악, 셋째, 일진 청소년 교화가 그것이다. 학생들이 제출한 최종 보고서에는 이 세 가지 목표 중 첫 번째 목표에 대한 대답이 중점적으로 제시되어 있다. 즉, 탈선의 현실과 그 동기에 대한 서술이 보고서의 주를 이루고 있고, 일진 청소년 처벌에 실효성이 없다는 언급 외에, 정작 학교 또는 정부, 전문가들의 커뮤니케이션 문제 및 정책의 문제점에 대한 답은 드러나지 않았다. 여기에 대한 답이 학생들의 시각에서 구체적으로 드러났다면 더 훌륭한 결과물이 나오지 않았을까 싶다. 세 번째 목표였던 교화의 경우, 두 학생은 스스로 실패했다고 평가했다. 두 학생이 지적한 대로 이는 전문성의 부족, 또는 인터뷰 스킬의 부족 때문일 수 있지만, 당초 일회성 인터뷰로 일진 청소년을 교화할 수 있다는 목표를 선정한 것 자체가 무리였다는 생각도 든다.

그럼에도 불구하고 전반적으로 이 과제물은 상당히 우수한 측에 해당했다. 사회적으로 의미 있는 이슈에 접근하고자 한 이들의 문제의식, 접촉하기 쉽지 않은 인터뷰 대상을 선정하고 그들과의 소통 방법을 고안·수정하면서 결국 소통에 성공해낸 이들의 열정을 높이 평가한다.

세월호를 바라보는 세 가지 시선

세월호 참사 피해자 가족 및 자원봉사자

언론정보학과 서지희
언론정보학과 서돈향

2

돈향

2015년 4월 16일, 세월호 추모 주간을 맞아 서울대학교에서 광화문 광장까지 행진을 한다는 이야기를 들었다. 그러나 선약이 있었던 나는 그날 저녁 친구와 지하철을 타고 덕수궁에 갔다. 덕수궁을 걷는 내내 마음이 물 먹은 솜처럼 무거웠다. 덕수궁 건너편에 위치한 시청앞 광장에서 연설, 추모곡, 아이들의 죽음을 위로하는 시민들의 외침이 끊임없이 들려왔기 때문이다. 캄캄하고 조용한 덕수궁의 풍경 속에서, 나는 무엇이 그들을 저토록 애달프게 만들었는지를 생각하며 가슴이 아팠다.

지희

2014년 4월은 나에게도 잔인한 달이었다. 고등학교 3학년이 되었음을 실감하기도 전에 세월호 참사가 일어나 수백 명이 탄 배가 가라앉는 모습을 실시간으로 지켜봐야 했다. 희생자 대부분이 또래 학생이었기에 더욱 충격이 컸다. 나는 물에 잠기는 꿈을 꾸다 잠에서 깨기도 했고, 단원고 학생들이 불쌍하다며 담임 선생님 앞에서 펑펑 울기도 했다. 어린 마음에 삶이 허무하게 느껴져 한동안 자기소개서와 수능 공부가 손에 잡히지 않았다.

이러한 기억 때문에 서울대 세월호 추모 주간 기획단에 망설임 없이 지원했다. 아무것도 할 수 없었던 고등학생 때와는 무언가 달

라지기를 바라는 마음에서였다. 그런데 여차여차 사회대 부스 사업과 집회, 행진을 준비하고 실행에 옮길수록 의문이 생겼다. 내가 기획한 노란 리본 액세서리 사업이 추모의 의미를 담고 있다고 볼 수 있을까? 세월호 참사 피해자 가족이 진정으로 바라는 것은 무엇일까? 나는 그들을 위해 무엇을 할 수 있을까? 이번 소통 프로젝트를 통해 그 답을 조금이나마 얻을 수 있었으면 좋겠다. 그리고 그 과정에서 우리가 커뮤니케이션을 이해하고 공부하는 데 도움이 되는 경험을 할 것으로 기대한다.

우리 두 사람은 세월호 참사에 대한 공통의 관심사를 확인하고, 며칠 동안 고민한 끝에 다음의 인물들을 인터뷰하기로 계획했다.

1) **유경근 씨**(세월호 희생자 유예은 학생의 아버지)
세월호 사건이 정치 사회적으로 이슈화 되는 상황에서, 세월호 희생자 유가족 중 가장 빈번하게 언론에 노출되어 온 세월호 참사 가족협의회 집행위원장

2) **장동원 씨**(세월호 생존자 장애진 학생의 아버지)
참사로 가족을 잃지 않았음에도 불구하고, 적극적으로 정부의 진상 규명을 촉구하며 활발하게 시위에 참여하고 있는 세월호 생존 학생 학부모 대표

3) **최윤아 씨**(세월호 희생자 최윤민 학생의 언니)
인터뷰 진행자들과 비슷한 나이 또래로, 동생을 위해 직장을 그만두고 부모님과 함께 거리로 나선 고 최윤민 학생의 언니

소통을 준비하며

우리가 원하는 소통

'예은 아빠' 유경근 세월호 참사 가족협의회 집행위원장, '애진 아빠' 장동원 세월호 생존 학생 학부모 대표, '윤민이 언니' 최윤아 씨의 세월호 참사에 대한 입장이 서로 얼마나 같고 다른지, 언론은 그와 관련해 어떠한 역할을 하였는지, 피해자 가족들이 우리 사회와 국민에게 진정으로 원하는 것이 있다면 무엇인지……. 우리는 이러한 질문들에 대한 답을 찾기 위해 소통 프로젝트를 시작하였다. 이를 바탕으로 다음과 같은 공통질문들과, 각 인터뷰이와 상황에 맞는 개별 질문들을 하기로 하였다.

공통질문 1 | 세월호 선체 인양을 앞둔 심경

정부가 2016년 10월까지 세월호 인양을 완료하겠다고 밝힌 시점에서, 사회적 찬반 논란을 넘어 피해자 가족들의 세월호 참사에 대한 시각 차이를 엿볼 수 있는 시의적절한 질문이라고 판단했다. 그들이 세월호 사건 해결에 있어 중요하게 생각하는 요소들을 비교·대조함으로써 의미 있는 통찰을 이끌어내고자 한다. 특히 유경근 씨에게는 인양이 결정된 시점에서 무엇을 위해 투쟁을 할 것인지, 정부에 바라는 것이 있다면 무엇이 있는지를 추가로 질문할 것이다.

공통질문 2 |
언론의 역할과 사명

세월호 참사와 관련된 언론 보도 및 소셜 미디어를 통한 정보 공유과정상에 왜곡의 가능성이 끊임없이 제기되면서 미디어에 대한 불신이 사회 전반으로 확산되었다. 우리는 피해자 가족을 직접 만나 언론과 소셜 미디어의 순기능 및 역기능을 파악하는 한편, 비극을 되풀이하지 않기 위한 바람직한 미디어상을 함께 모색할 것이다.

공통질문 3 |
우리 사회와
국민에게 바라는 점

그동안 세월호 특별법을 둘러싼 오해와 진실이 세월호 참사 피해자 가족들과 시민들 사이에 마음의 벽을 만들기도 했다. 언론이, 정치인이, 일부의 사람들이 피해자 가족들을 조롱하고, 보상금 문제로 공격했다. 우리는 이번 소통 프로젝트를 설계하면서 무엇보다도 진상 규명, 안전 사회 건설이라는 표어 너머에 있는 피해자 가족들의 진심을 알고 싶었다.

어떻게 소통할 것인가?

피해자 가족의 감정을 최우선으로 배려하며 소통에 임할 것이다. 피해자 가족

을 만나고 그들의 이야기를 듣는 것은 조심스러운 일이다. 우리는 모든 과정에서 피해자 가족의 심리 상태를 자연스러운 것으로 받아들이되, 그들의 감정을 자극하기보다는 차분하게 이야기를 들어보고자 한다. 따라서 가능한 여러 차례 광화문 광장을 방문하면서 소통에 신중하게 접근할 것이다. 또한 면담을 요청하고 질문을 선정함에 있어서도 피해자 가족의 입장과 의견을 최대한 반영하려 노력할 것이다.

세 인물이
처한 상황을 고려하여
가장 적합한 접촉 방안을
선정한다

유경근 씨는 세월호 참사 가족협의회 집행위원장을 맡고 있는 만큼 서울에 상주하며 지속적으로 시위에 참여할 가능성이 다분하다. 장동원 씨 역시 피해자 가족들과 삭발을 감행하는 등 적극적으로 시위에 참여하고 있다고 언론에 보도되었다. 따라서 이 두 사람은 광화문 광장에서 직접 접촉하는 방향으로 소통을 유도할 것이다. 한편 최윤아 씨의 경우, 소셜 미디어 페이스북에 글과 그림을 올려 자신의 이야기를 전해왔다. 따라서 그녀의 페이스북 계정에 댓글을 남기거나, 페이스북 메신저를 이용해 인터뷰를 요청하고 구체적인 약속을 잡고자 한다.

소통 그 후

2015년 5월 23일, 우리는 광화문 세월호 광장으로 향했다. 유경근 씨, 장동원 씨, 최윤아 씨를 만나기에 앞서 피해자 가족의 상황과 분위기를 알아보기 위함이었다. 햇빛이 뜨겁게 내리쬐던 날, 우리는 노란리본공작소에서 자원봉사자분들과 함께 리본을 만들고, 희생자 분향소에서 아이들의 사진 앞에 헌화를 했다. 그러던 중 한 자원봉사자 아저씨의 이야기를 듣고, '광화문 지킴이'로 있는 두 아빠와 청와대 앞에서 1인 시위를 하고 있는 '다윤 엄마'에게로 눈을 돌리게 되었다. 인터뷰 대상자 선정과정에서 우리가 생각했던 대표성이 직책에서 비롯된 것이었다면, 오히려 현장에서 쉽게 접근할 수 있고 많이 언급되는 이들을 만나는 것 또한 중요하다는 생각이 들었다. 그래서 급히 계획을 수정하여 일단 광화문 지킴이 '영석 아빠' 오병환 씨와 인터뷰 약속을 잡고 돌아왔다.

'민우 아빠' 이종철 씨를 만나다

2015년 5월 26일 오후 4시, 우리는 다시 광화문 세월호 광장을 찾았다. 그런데 원래 인터뷰를 요청했던 '영석 아빠' 오병환 씨가 개인 사정으로 자리를 비워서, 함께 광화문 지킴이로 있던 '민우 아빠' 이종철 씨와 즉석에서 인터뷰를 진행하게 되었다. 대학교 신입생으로서 세월호 참사 피해자 가족의 이야기를 듣고 기록하고자 하는 뜻을 밝히자 흔쾌히 시간을 내주었다.

광화문 지킴이로서 1년째 세월호 광장을 지키고 계신 이종철 씨는 얼굴과 목소리에 지친 기색이 역력했다. 그러나 담담하게 감정을 억누르며 질문에 대한 대답을 계속 이어나갔다. 특히 우리가 첫 인터뷰에서 가장 핵심적으로 알고 싶었던 부분, 즉 피해자 가족들이 우리에게 바라는 점이 예상보다 당연하고 소소한 것들이라

마음이 아팠다. 이런 비극이 반복되지 않기를 바라는 마음이 외면 당하는 현실, 그리고 언론에 대한 피해자 가족의 불신이 안타깝게 느껴졌다.

어떻게 광화문 지킴이를 자처하셨는지?

제가 배운 게 많아서 가족대책위 일을 한다거나 그러지는 못하고, 제가 할 수 있는 일이 이것이기 때문이죠. 누군가는 해야 되고. 제가 먼저 들어와서 그나마 사정을 가장 잘 알기 때문에 여기 있게 된 거예요. 아무리 힘들어도 자식 새끼 보낸 것만큼 힘든 게 없거든요. 우리 새끼들 왜 갔는지 밝혀야 되기 때문에, 이런 고통은 얼마든지 참을 수 있어요. 시간이 지나면서 밝혀지는 게 아무것도 없다는 게 좀 아플 뿐이지.

세월호 인양을 앞둔 심경

여지껏 정부에서는 한 번도 안 해준다는 얘기를 안 했어요. 다 해준다고 그래 놓고선 안 해줬지. 지금 9월에 한다는 것도 이해를 못하겠어요. 지금부터 시작을 해야, 빨리빨리 추진을 해야지…. 제 생각인데, 내년 4월 총선 그걸 대비해서 그때로 날짜를 맞춰놓지 않았을까 싶어요. 또 그때 되면 시간 또 미룰 수도 있는 거고…. 이건 그냥 제 생각이에요. 여지껏 봐온 게 그래요.

언론의 역할과 사명

아직까지 진상 규명이나 모든 게 안 되고 있는 것도 그렇고… 저희가 시위, 데모를 하더라도 제대로 알려줘야 되는데 안 좋은 장면만 계속 내보내잖아요. 문제를 해결하려고 하는 게 아니고, 돈을 자꾸 얘기하면서 국민과 피해자 가족들을 분열시키려고 그러니까… 언론은 중립성을 지켜야 돼요. (그래야) 서로 신뢰하면서 갈 수 있잖아요. 그렇게 돼야만 우리나라가 더 발전된 나라가 되지 않을까….

우리 사회와 국민에게 바라는 점

지금 현재는 저희가 유가족이지만 우리 국민들도 예비 유가족이 될 수 있다는 것, 이건 누구에게나 일어날 수 있는 일이기 때문에… 저희 같은 아픔 겪게 하지 말자, 진상 규명 해가지고 책임자 처벌해야 한다는 거죠. 이걸 빨리 느끼시고 저희처럼 이런 아픔 안 겪으셨으면 좋겠어요. 내가 살아도 사는 것 같지 않은 이런 아픔… 저희처럼 제2의 유가족이 안 되셨으면 좋겠어요.

대학생들에게 바라는 점

지켜만 보고 있다면 정부랑 다를 게 없다고 보거든요. 지금 여러분들 행동하는 게 그래요. 이 사회가 그렇게 만들었지. 마음만 가지고 있다면 절대 변하지 않아. 같이 행동해야지. 저희가 촛불 집회도 하고 그럴 때는 나와가지고 자리를 함께 해주신다면 저는 그게 행동이라고 봅니다.

'윤민 언니' 최윤아 씨를 만나다

2015년 5월 26일, 우리는 최윤아 씨와 이메일 인터뷰를 하였다. 인터뷰 허락을 받기 위해 최윤아 씨와 페이스북 메신저로 연락을 시도하였고, 이메일로 인터뷰 질문을 전달해 답변을 받는 식으로 소통하였다.

세월호 인양을 앞둔 심경

최윤아 씨는 인양이 완료될 때까지는 정부를 믿을 수 없다고 말했다. 인양을 하겠다는 말은 진도에서부터 들어왔으나, 1년이 지난 지금까지도 제대로 이루어진 것이 없다는 것이다.

"가족들만 찬성하고, 원하면 언제든 인양할 수 있다는 게 이 나라, 정부에서 해주던 말이었어요. 근데 실종자 가족 분들이 인양해달라고 하고 지금 몇 개월이 지났는데 아무런 준비도 안 되어 있잖아요." 정부의 지지부진한 행동과 약속, 안일함에 마음이 찢기고, 국민의 무관심에 상처 받은 피해자 가족들은 더 이상 어떠한 말도 믿지 못하는 듯했다.

언론의 역할과 사명

"제일 많이 보이는 왜곡 보도는 '돈 더 받으려고 유가족이 저런다'는 것 같아요. 돈 더 달라는 게 아니라 진상 규명을 외치고 있는데… 솔직히 전 예전에 돈에 전전긍긍하던 사람이었는데 사고 이후 돈처럼 부질없는 게 없구나 느끼고 있거든요. 이런 걸 사람들이 좀 알아줬으면 좋겠어요."

일부 국민들은 TV나 신문에 나오는 세월호 특별법에 대한 정보를 곧이곧대로 믿고, 피해자 가족들을 돈 때문에 가족을 팔아먹는 무리로 치부하기도 한다. 모든 국민에게 정확한 정보를 전달해야 할 언론의 잘못된 보도로 인해 사실의 왜곡이 일어나고 비틀어진 진실이 걷잡을 수 없이 퍼져나갔을 가능성이 있는 것이다. 언론인이 되기 위해서는 항상 진실을 정확히 보고 이를 왜곡 없이 전달해야 함을 다시 한 번 마음 깊이 새기게 되었다.

우리 사회와 국민에게 바라는 점

"정치가 연예보다 좀 더 내 삶에 가깝다는 걸 알았으면 좋겠고, 아는 만큼 보인다는 거, 그 두 개만 알아줬으면 좋겠어요. 사실 세월호 문제는 컴퓨터나 스마트폰으로 알려고 하면 얼마든지 알 수 있거든요. 근데 알려고 하지 않으니까 모르는 것 같아요."

윤아 씨 역시 예전에는 정치 뉴스보다 연예 뉴스를 더 챙겨보는 대부분의 국민 중 한 사람이었지만, 이제 정치라는 것이 얼마나 우리 삶과 밀접하게 맞닿아 있는지를 알게 되었다고 한다. 사실 세월호 참사는 나와 우리 가족에게도 일어날 수 있는 일이었다. 정부가 외치는 '안전한 국가'를 만들기 위해서는 정치에 대한 국민들의 관심이 일차적으로 필요할 것이다.

안산 합동분향소 자원봉사자를 만나다

2015년 5월 27일, 원래 우리의 계획은 수업을 마치고 청와대 앞에서 1인 시위를 하고 있는 '다윤 엄마' 박은미 씨를 만나는 것이었다. 그런데 가는 도중에 청와대 및 홍대 앞 피케팅이 예상보다 일찍 끝나 박은미 씨를 만나기 어렵다는 사실을 알게 되었다. 우리는 고민 끝에 세월호 참사와 관련된 누군가가 있을 가능성이 높은 안산 합동 분향소를 찾아가 보기로 했다.

분향소 현장지원소 관계자에게 인터뷰를 요청했지만 "내부 규칙상 어렵다"는 답변이 돌아왔다. 그날 따라 합동분향소 건물 앞에는 순찰 중인 경찰만 여럿 있고, 조문객이나 자원봉사자는 찾아볼 수 없었다. 인터뷰를 포기하고 돌아가려는데, 마침 합동분향소 입구에서 막 피케팅을 시작한 한 자원봉사자를 만날 수 있었다. 우리가 애초 박은미 씨 이전에 세월호 생존 학생 학부모 대표 장동원 씨를 만나고자 했던 것은, 세월호 사건에 관한 보다 객관적인 입장을 들려줄 수 있을 것이라 기대했기 때문이다. 자원봉사자의 이야기를 듣는 것 역시 이러한 취지에 부합하는 것이었다.

어떻게 자원봉사를 하게 되었는지

시작은 팽목항에 우연히 갔을 때 세월호 문제의 심각성을 느끼게 되었는데, 얼마 후 광화문에 나가봤더니 세월호 관련 피켓을 들고 있는 사람들이 있더라고요. 그분들께 어떤 봉사 단체인지 물어보고 '리멤버 0416'에 대해 알게 되었어요. 지금은 이렇게 가입해서 피케팅 봉사활동을 하게 되었습니다.

세월호 인양을 앞둔 심경

정부에서 계속 인양을 미뤄왔기 때문에, 인양이 결정되었다고 해도 진짜 이루어질지에 대한 확신이 없어요. 믿을 수도 없고요. 특별법에 있어서도 피해자 가족의 의사를 완전히 무시했었잖아요. 올바른 수사가 제대로 이루어질 수도 없는 상황이라고 생각해요. 유가족 대책위에서는 위에서 시행령이 내려오면 그것을 거부한다고 하더라고요. 나중에 정권이 바뀌면 그때 다시 본격적으로 수사가 이루어지는 것을 기다리고 있다고 하던데, 저도 동의해요.

언론의 역할과 사명

대형 언론사들이 거의 세월호의 진실을 보도하지 않는 것 같아요. 정당한 시위를 하고 있는데도, 폭력적인 시위처럼

보이게 보도하는 것 같고… 진정한 언론인, 양심 있는 언론인들이 많이 없는 것처럼 느껴져요. 일반 국민들은 세월호의 진실을 하나도 모르는 것 같고… 나도 봉사활동을 안 했으면 아마 몰랐을 거예요. 내 주변 사람들만 해도 세월호 사건이 너무 과장된 것 아니냐고 생각하거든요. 언론이 똑바로 보도를 안 해주니까….

우리 사회와 국민에게 바라는 점

먹고 살기도 힘든 각박한 세상에, 자기 일이 아니니까 관심을 더 안 가지고, 또 알아도 모른 척하는 것 같아요. 세상 사는 게 점점 더 개인주의적 방향으로 나아가는 것 같아서 안타까워요. 정도 많이 없고, 자기 일이 아니면 듣지도 않으려 하는 것 같고… 약자들의 억울함을 몰라도, 자기만 편안하게 잘 살면 된다고 생각하는 것 같아요. 그래서 시민들이 주위의 다른 사람들에게도 관심을 가지고, 또 의식적으로 깨어나서 이런 세월호 사건에 많은 관심을 가져줬으면 하는 바람이에요.

feedback from prof.

2014년 4월 16일 발생한 세월호 참사는 온 국민의 가슴을 무너뜨렸다. 이 과제물을 읽고, 당시 고등학생이었던 두 어린 학생들의 마음에도 이 참사가 아무것에도 집중할 수 없을 정도의 큰 충격으로 다가왔음을 생각하니 다시 한 번 마음이 무거워졌다. 그 당시의 아픔을 잊지 않고 참사 피해자 가족을 직접 만나 그들과 소통하겠다 결심한 학생들의 생각이 대견했다. 사안이 민감한 만큼 언론도 철저한 사전 계획하에 수행할 인터뷰를 대학생들이 시도한 것 자체가 높이 평가받아야 한다고 생각했다.

소통 계획서와 최종 보고서만 살펴보아도 두 학생이 겪었을 우여곡절이 여실히 느껴졌다. 사실 이 과제는 계획과 그 수행 결과의 일치도로만 판단했을 때 100% 성공한 과제는 아니다. 두 학생은 계획서 작성 당시 만나기로 계획한 피해자 가족 중 한 명(최윤아 씨)의 인터뷰에만 성공했고, 나머지 인터뷰는 소통 과정에서 그때그때 대상을 변경하여 진행하였다. 접촉 방법과 장소를 인터뷰 대상자에 따라 꼼꼼하게 조사했는데도 불구하고 실현되지 못한 점이 아쉬웠다. 당초의 계획대로라면 희생자 가족, 생존자 가족 인터뷰를 고루 진행해 보다 입체적인 구성이 되었을 텐데, 상황에 따라 유동적으로 인터뷰 대상자를 변경하다 보니 보고서의 완결성 측면에서 일관성이 다소 떨어지는 느낌이 들었다. 아무래도 민감한 사안인 만큼 현장 분위기와 시의성, 접근성 등을 고려하여 학생들 나름대로 그 대상과 방법을 적절히 변경할 수밖에 없었을 것이다. 모든 인터뷰가 애초 계획했던 대로 순탄하게 진행될 수는 없다는 점을 감안하면, 포기하지 않고 대상을 변경해서라도 프로젝트를 수행하고자 했던 학생들의 노력을 긍정적으로 평가한다. 실제 이 학생들이 이 프로젝트에 들인 노력은 일회성이 아니었다. 광화문 세월호 광장 두 차례 방문, 안산 합동분향소 방문, 소셜 미디어를 통한 인터뷰 등 자신들이 할 수 있는 최선을 다해 세월호 참사 관련자들을 최대한 직접 만나기 위해 노력했다. 그에 앞서 사전조사하고 시행착오를 거친 과정들을 포함하면 이 학생들이 들인 시간과 노력은 보고서에 드러난 것의 갑절은 될 것이다.

소통의 의의, 그리고 소통 과정에 들였을 수고만으로도 두 학생의 과제물은 훌륭하다. 다만, 학생들이 어렵게 인터뷰 대상자들을 만난 만큼 미리 짜놓은 질문 외에 다른 질문들도 함께 진행했으면 더 좋았을 것 같다. 노력에 비해 그 결과물이 단편적인 질문과 답변의 나열에 그치고 있어 아쉬움이 남는다. 예컨대 정해놓은 질문을 공통적으로 진행하더라도, 소통을 하는 과정에서 꼬리 질문 등을 통해 보다 심층적인 답변을 이끌어냈더라면 지금보다 더 풍부한 인터뷰가 될 수 있었을 것이다. 이와 함께 인터뷰 내용을 작성하는 데서 보고서를 마무리하지 않고, 소통 후 세월호 참사나 정부의 후속대책 및 언론의 대응에 대해 본인들이 느낀 바, 또는 달라진 시각 등을 함께 제시했더라면 한층 완성도 높은 보고서가 될 수 있었을 것이다.

그러나 이러한 아쉬움들은 욕심일지 모른다. 본인들의 가슴을 울렸던 사고의 당사자들을 만나 그들의 고통을 절감하고 공감하는 시도만으로도 이미 두 학생에게는 충분히 의미 있는 공부가 되었으리라 믿는다.

박근혜는 당장 하야하라!
4월 16일의 약속 국민연대
4.16

세월호 진상규명
책임자를 처벌하
국민연대

독립출판은 시대를 투영하는 사료다

'프로파간다' 김광철 대표

3

경제학부 장서희
인문계열 안유성

우리는 소통에 앞서 독립출판이라는, 보다 개방적이고 확장된 소통 채널에 주목하였다. 독립출판이란 대형출판에 반대되는 개념으로, 상업 자본에 의지하지 않고 개인이 하고 싶은 이야기를 자유롭게 담아내는 출판을 말한다. 이는 기술의 혁신으로 출판의 진입장벽이 낮아져 나타나게 된 일종의 사회적 현상이다. 우리는 독립출판이 젊은 세대의 소통적 효능감을 충족시켜주고, 다양한 내용범주의 출판을 통해 익명적이고 파편적이며 무기력하고 정체성을 지니지 못한 개인, 다시 말해 대중의 치유방안이자 보통 사람들의 주체적인 문화 창출의 장이 될 수 있다고 보았다. 그러나 조사를 통해 독립출판에는 비주류성과 취약한 수익구조라는 한계도 있음을 알게 되었다. 이러한 과정에서 독립출판에 대한 전문성을 갖춘 이와 소통할 필요성을 느꼈다. 우리는 독립출판사 '프로파간다'의 대표이자 계간지 '그래픽'의 편집장 김광철 씨와의 소통을 시도하였다. 김광철 씨는 '영화저널'을 시작으로 '씨네 21'을 거쳐 '필름 2.0' 의 편집장을 지낸 바 있다. 잡지사를 나와 독립출판사 '프로파간다'를 설립한 그는 국내 독립출판의 발전에 힘써왔고, 2015년 국립중앙도서관에서 국내 독립출판물 400여 종, 총 600여 권에 이르는 출판물의 전시를 기획했다. 우리는 그가 독립출판에 대해 대표성과 전문성을 지닌다고 보아 소통 대상으로 선정하고, '독립출판의 사회적 가치와 지속가능한 미래'를 주제로 소통을 하고자 한다.

소통을 준비하며

우리가 원하는 소통

우리가 김광철 씨와 하고자 하는 소통 내용은 크게 독립출판의 과거, 현재, 미래에 대한 것이다.

'독립출판의 과거'에서는 독립출판의 시작을 비롯한 그 역사 전반에 관하여 소통할 것이다. 먼저 독립출판이 어떻게 시작되었는지에 대해 알아볼 것이다. 자료조사를 통해 서유럽의 영향을 받아 시작되었음은 찾을 수 있었지만 정확히 누가, 언제, 왜 한국에 들여왔는지는 알기가 어려웠다. 김광철 씨는 약 10년, 즉 독립출판의 태동기부터 업계에서 활동했기 때문에 독립출판 시장의 형성 과정에 대해 잘 알고 있을 것이다. 또한 김광철 씨 본인을 비롯한 사람들이 어떤 동기로 독립출판에 뛰어들었는지도 궁금하다. 김광철 씨가 기존의 대중잡지에서 일하다 독립출판으로 전향했다는 것은 그만큼 주류출판에 비해 독립출판이 갖는 매력이 있기 때문일 것이다. 이와 함께 독립출판 시장의 발전과정에 대한 이야기도 빼놓을 수 없다. 이때 이익을 창출하기 힘든 시장에서 어떻게 버틸 수 있었는지, 또 어떻게 유통구조를 확대하려 노력했는지에 대한 소통을 할 수 있을 것이다. 특히 얼마 전 3월에 열렸던 국립중앙도서관의 독립출판 전시에 관한 내용은 깊게 다뤄야 한다. 독립출판이 매스컴을 통해 대대적으로 세간에 알려지고 공적 기관에 의해서 인정받았다는 것은 독립출판 시장의 중요한 터닝 포인트가 될 것이다.

'독립출판의 현재'에서는 독립출판을 통한 소통과 그 채널로서의 시장에 대해 소통할 것이다. 독립출판의 구성요소라 할 수 있는 저자(출판사)와 중개자(독립출판 서점), 그리고 독자 간 소통이 어떻게 이루어지는지, 그 소통의 내용은 대개 어떤 종류의 것인지, 그 소통을 질적으로 평가한다면 어떤 수준인지에 대해서 전면적으로 분석해볼 것이다. 또한 시장에 대해서도 물을 것이 많다. 현실적으로 독립출판이 지속가능하기 위해서는 유통구조가 단단해야 하는데 비주류적인 독립출판의 특성상 아직까지 미미한 실정이다. 그럼에도 불구하고 현재까지 독립출판업이 사라지지 않고 성장을 거듭하고 있다는 점을 볼 때 어떤 요인들이 시장을 유지·기능하게 하는지 살펴볼 필요가 있다.

'독립출판의 미래'에서는 앞서 나눈 과거와 현재에 대한 소통을 바탕으로 독립출판의 지속가능한 미래에 대해 함께 모색해볼 것이다. 취약한 유통구조와 비주류라는 한계를 딛고 업계 내부적으로 지속가능한 독립출판업을 위해서, 사회적으로는 보통 사람들에 의한 주체적인 문화 창출이라는 목표를 달성하기 위해서 독립출판을 보다 활성화하고 확대할 수 있는 방안을 찾기 위한 소통을 진행할 것이다.

어떻게 소통할 것인가?

김광철 씨를 만나기 위해 우리는 인터넷 검색을 활용하였다. 이를 통해 계간지 '그래픽'의 웹사이트와 이메일 주소를 발견할 수 있었다. 먼저 이메일을 통해 연락을 취할 계획이며, 응답이 없을 경우 '프로파간다'에서 운영하는 합정동의 'GRAPHIC SHOP'이나 경기도 파주시에 위치한 '프로파간다' 사무실에 직접 방문하여 인터뷰를 요청할 계획이다.

또한 주도적으로 주제와 관련된 날카로운 질문을 던지기 위해 세밀한 사전조사를 하고자 한다. 먼저 2015년 5월 6일부터 22일까지 개최되는 건국대학교 상허기념도서관의 독립출판 전시회를 관람할 것이며, 출판사와 독자를 매개해주는 독립출판 서점인 '헬로 인디북스'도 방문해볼 것이다. '프로파간다'의 출판물을 읽어보는 것은 물론이다. 또 기존의 출판산업에 대한 지식도 얻기 위해 캘빈 스미스의 『출판이란 무엇인가』를 읽을 예정이다.

이렇게 꼼꼼한 사전조사를 통해 관련 지식으로 무장한다면 김광철 씨와의 소통을 원활히 할 수 있을 것이다. 원활하고 편안한 분위기의 소통이되 주제의 핵심을 본질적으로 다룬다면, 우리가 정한 목표인 보통 사람들의 주체적인 문화 창출의 장을 위한 토대 마련에 기여할 수 있는 소통이 될 것이라 기대한다.

소통 그 후

인터넷 조사를 통해 김광철 씨가 운영하는 출판사의 전화번호와 주소를 알아낼 수 있었다. 처음 3일간은 전화 연결조차 어려웠다. 여러 차례의 시도 끝에 마침내 전화 연결에 성공하여 전화를 받은 직원에게 "대표님께 여쭤보고 문자로 연락을 주겠다"는 응답을 얻었다. 그러나 문자로 거절의 답변을 받았고, 소통 대상을 변경해야 하나 고민을 했으나 가장 적합한 대상이 김광철 씨라는 확신을 버릴 수 없어 재시도, 그와 직접 통화를 하여 소통의 당위성을 설명하였다. 자신은 정신이 없는 편이라 인터뷰의 대상으로 적절하지 않다며 다른 사람을 소개해주겠다고 난처해했지만, 결국 설득에 성공하여 서면 인터뷰를 허락받아 메일로 인터뷰 질문지를 보냈다. 답변을 기다리던 중 김광철 씨가 대면 인터뷰를 진행할 시간이 될 것 같다고 해서 5월 29일 7시 출판사 산하의 독립출판서점인 합정동의 'GRAPHIC SHOP'에 방문하여 약 1시간 30분가량 소통했다.

독립출판의 정의에서 '독립'은 무엇으로부터의 독립을 의미하는가?

주류출판의 획일성 혹은 시스템으로부터의 독립이다. 쉽게 말해 주류출판은 형식이 균일화되어 있고, 그 시스템 내에서 출판될 수 없는 책이 많기에 이로부터 벗어나겠다는 것이다(이때 출판될 수 없는 책은 보편적이지 않은 책들을 의미한다). 주류출판사들은 팔리는 책 위주로 출판을 하기 때문에 출판하는 책이 진부해지고 전형화되는 문제점을 가진다. 예를 들어 기존의 잡지에서는 광고를 싣기 때문에 광고주의 눈치를 볼 수밖에 없다. 이는 주객전도의 상황으로 잡지의 내용에도 영향을 미쳐 실질적인 질적 저하를 불러일으킨다.

상업성으로부터 독립한다는 것인가?

그렇지 않다. '프로파간다'의 대표적인 출간물인 '그래픽'지는 잡

지에 광고를 싣지는 않지만 '교보문고' 같은 일반 서점에서도 판매를 한다. 실제로도 잘 팔리고 있다. 상업성이 독립출판의 기준이 되지는 않는다.

독립출판의 탄생에는 기술적 요인 — 즉 기술의 혁신으로 출판 진입장벽이 비교적 낮아졌다는 점 — 이 크게 작용하였겠으나 독립출판이 일종의 사회적 현상이라는 점에서 사회 내부적인 원인이 분명히 있었을 텐데, 그 원인을 어떤 결핍으로부터 나온 요구라 볼 수 있겠는가?

결핍으로부터 나온 요구라 볼 수 있다. 한국 사회는 과거에 수직적이고 획일적이며 경직된 사회였다. 이를 진작부터 깨닫고 불만을 가지고는 있었지만 사용할 수 있는 채널이 없어서 표현을 못했던 것이다. 즉, 표현의 자유가 결핍되어 있었었다고 볼 수 있겠다. 그러다 기술의 혁신으로 출판 진입장벽이 낮아져 보통 사람들도 이용할 수 있는 방식으로 사회적 소통의 채널이 확장되었고 독립출판이 탄생한 것이다. 다시 말해, 오랜 과거부터 존재했던 결핍을 한참이 지난 후에야 기술 혁신을 통해 해소할 수 있게 되었다는 것이다.

왜 안정적인 주류출판에서 벗어나 독립출판업에 뛰어들게 되었는가?

간단히 말해 자기 기질을 따라간 것이다. 잡지의 질보다 광고에 연연하는 주류출판업계에 한계를 느껴 나왔다.

다른 업계 종사자들도 기존 시스템에 반발심을 느껴 독립출판업에 뛰어들었다고 볼 수 있겠는가?

그렇지 않다. 독립출판업자들은 대체로 젊은 친구들이 많다. 그들은 독립출판을 자기표현의 수단으로 이용한다.

독립출판은 상업성이 극도로 배제되었기 때문에 안정적인 수익구조나 유통구조를 확보하기 어려웠을 텐데, 지금까지 어떤 방식으로 독립출판사를 유지하였나?

온전히 책을 팔아서. 결국 책의 힘으로 승부해야 한다. 책의 질이 좋으면 사람들끼리 서로 공유하며 그것이 점차 널리 퍼진다. 입소문을 타고 책이 팔린다. 독자가 한정되어 있어서 커뮤니티에 알려지는 것은 어렵지 않다. '프로파간다'가 자리 잡기까지 1년이 걸렸고 현재도 먹고 살 만하다. 사실 우리는 굉장히 상업적인 출판사라 볼 수 있겠다.

독립출판사에서는 기존의 주류출판에서는 퇴짜를 놓았을지도 모르는 서적들을 발간한다. 그러나 출간하고자 하는 사람들을 모두 받아주는 것은 아닐 것이다. 그렇다면 어떤 기준으로 출간할 서적을 선정하는가?

정해놓은 원칙은 없고 그날의 컨디션에 따라 결정한다. 굉장히 충동적이고 유희적으로 결정하는데 이렇게 철저한 신념이 없는 것 또한 독립출판의 특성이라 볼 수 있겠다. 그래도 암묵적인 기준을 말하자면 기존 상업출판사들이 낼 수 있는 책은 피하는 것이다. 모

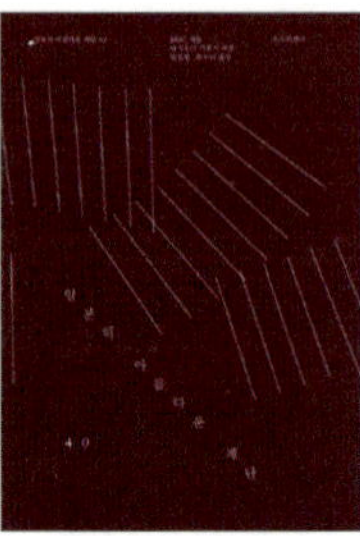

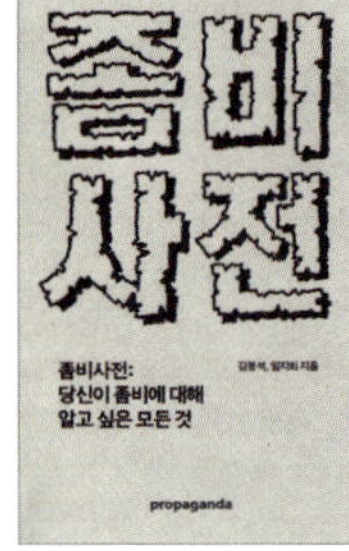

든 사람들이 '이건 안 낼 것 같다'고 생각하는 책. 남들이 예상하지 못하는 책을 내고 싶은 욕심이 있다. 수가 보이는 것은 재미없다.

보통 사람들 — 즉 출간할 용의가 있는 모든 사람들 — 도 출판할 수 있는가? 독립출판사를 통하지 않고 자가출판을 한다면 어느 정도의 지식과 노력이 필요하겠는가? 독립출판의 진입장벽이 알고 싶다.

개인 차원의 독립출판은 진입장벽이 정말로 없어졌다. 하고 싶은 이야기가 있고, 원고가 있고, 약간의 돈만 있다면 누구나 출간 가능하다. POD(Publish On Demand) 업체를 이용하여 돈만 지불하면 바로 된다.

실제 어떤 사람들이 독립출판을 하고 있는가?

일단 중장년층이 출간하는 것은 못 보았다. 독립출판은 젊은이들의 출판이다. 하지만 그렇다고 중장년층이 독립출판에 관심이 없는 것은 아니다. 국립중앙도서관 전시회에 나이 든 분들도 많이 오셨다.

독립출판의 소비자들은 주로 어떤 성향과 특징을 갖고 어떤 방식을 통해 독립출판을 접하고 소비하는가?

주로 다 새로운 자극에 민감한 젊은이들이다. 문화적 감수성이 풍부하다고 볼 수도 있겠다. 전반적으로 홍대 문화에 익숙한 사람들이 많고 서울에 집중되어 있다. 또한 독립출판의 생산자들이 곧 독자이기도 하다. 독립출판 서점이 홍대를 중심으로 많이 생겨났다.

최근 국립중앙도서관에서 독립출판물 전시를 진행하였고 본인도 전시 기획을 요청받은 것이라 하였는데, 국립중앙도서관이 독립출판에 주목하게 된 배경이 궁금하다.

독립출판 시장이 성장하면서 관심을 받게 되니 국립중앙도서관 측에서 독립출판이라는 문화적 흐름을 인지하게 되고 그 가치를 주목했을 것이다. 독립출판은 특히 기존 출판에서 담아내는 메시지 바깥의 소외된 목소리들을 담아내는 그릇으로서 큰 역할을 한다. 당대 시대상을 보여주는 다양한 사회적 현상을 담은 아카이브archive라 할 수 있을 것이다.

인상 깊었던 독립출판물이 있는가?

인상 깊었던 점보다는 조금 아쉬웠던 점을 말하고 싶다. 국립중앙도서관이 공공기관이다 보니 굉장히 보수적이어서, 성적인 것들이 못 들어갔다. 이것이 굉장히 아쉽다. 아마 정치적인 것도 못 들어갔을 텐데…. 한국의 독립출판은 정치적 성향을 띠진 않는다.

그렇다면 독립출판물들은 전반적으로 어떤 성향을 가졌는가? 또 이에 대해 평을 해보자면?

주로 개인적 취향 수준에 머문 출판물들이 많고 정치적인 출판물이 없는 것이 아쉽다. 창의성의 측면에서도 아직 갈 길이 멀다. 메시지도 중요하지만 특히 전달 방식의 창의성이 중요하다.

국립중앙도서관 전시가 매스컴에 많이 노출되었는데, 그 이전과 이후의 시장을 비교한다면 어떠한가?

확실히 시장이 커지고 있기는 하다. 여러분도 지금 매스컴을 통해 알게 되어 오지 않았나. 전시 비용은 국립중앙도서관 측에서 지원을 해주었다. 그러나 기본적으로 독립출판이 금전적인 지원을 기대하는 것은 옳지 않다. 받는 것 자체가 불편하다. 어떤 식으로든 눈치를 볼 수밖에 없다. 독립출판은 독립이라는 그 정의대로 자생해야 한다.

사회에 독립출판을 홍보하기 위한, 즉 사회와 상호작용하기 위한 커뮤니케이션 전략이 있나?

우리가 폐쇄적이지는 않으나 좁은 커뮤니티 내부에서 진행되는 것이기에 외부와 소통하기가 쉽지 않다. 돈이 많아서 홍보를 할 수 있는 것도 아니다. 또 독립출판이 너무 알려지려고 하는 것도 좋지 않다고 생각한다. 최근 들어서는 오히려 외부에서 먼저 독립출판에 관심을 가진다. 이를테면 언론이라든가 주류출판업계. 언론 입장에서는 독립출판이 여러모로 특이하거나 자극적일 수 있어 다루기 좋은 이슈일 것이다. 또 주류출판업계 사람들이 최근 독립출판 서점을 기웃거리는데, 이는 그들 입장에서는 책을 내보낼 수 있는 플랫폼이 하나 더 생기는 것이기 때문일 것이다.

흔히 독립출판의 가치로 다양성을 드는데, 이 다양성을 더욱 확보하기 위하여 출판의 진입장벽을 낮추는 것 — 이를 테면 플랫폼을 보다 쉽게 개선하는 것 — 에 대해 어떻게 생각하나?

현재 더 낮출 수 없을 정도로 낮아져 있고 조금의 관심과 약간의 제작비만 있으면 충분히 출간이 가능하다.

앞으로의 독립출판이 할 역할을 조망하자면?

'프로파간다' 같은 출판사가 큰 성공을 이룬다면 이런 식의 출판도 가능하다는 새로운 출판 모델이 될 것이다. 그것이 주류출판에 자극을 주어 자연스럽게 혁신의 계기가 될 것이다. 혁신의 물결은 작지만 이미 시작되고 있다. 국립중앙도서관의 전시도 하나의 물결이라 볼 수 있다.

에필로그

독립출판은 개인의 소통적 효능감 증진 또는 자기표현의 수단 확보를 넘어, 사회적 현상을 투영하는 아카이브로서 가치가 있음을 깨달았다. 이러한 점에서 독립출판은 당대의 시대상을 통찰할 수 있는 훌륭한 사료라고 판단된다. 뿐만 아니라 독립출판이 상업적 조건에 아랑곳하지 않기에, 다시 말해 권력에 휘둘리지 않기에 우리 사회의 고정관념과 위선에 맞서 진실한 소통을 할 수 있게 해준다는 사실도 알게 되었다.

누구나 표현의 수단이 필요하다. 인터뷰 답변에서 알 수 있듯이 중장년층도 독립출판에 관심은 있다. 그러나 독립출판의 존재를 모르거나 젊은이들의 전유물이라고 생각하는 것이 그 확산에

장애물이 되고 있다. 이에 우리는 그 해결책으로 독립출판의 질적 향상과 사회적 협업을 제시한다. 질적 향상이란 지식과 철학의 전파라는 책으로서의 정체성 강화, 정치를 비롯한 사회적 담론 형성 역량의 발휘, 창의성의 고도화를 의미한다. 사회적 협업은 수평적인 것으로 기존 독립출판의 발전을 위한 외부의 지원과 대응되는 개념이다. 일방적으로 지원을 받는 것이 아니라 서로에게 이익이 되어야 한다는 것이다.

앞으로 독립출판의 발전적 방향을 위해 우리는 향후 시장의 구성원으로서 독립출판에 참여해보고자 한다. 이를 통해 독립출판의 보편화를 위한 보다 구체적인 실마리가 나올 것으로 기대한다.

feedback from prof.

두 학생은 출판계의 새로운 유통 플랫폼이며 대안 채널이라고도 할 수 있는 독립출판에 관심을 갖고, 성공한 독립출판사 대표이자 이 분야의 초창기 개척자로 간주될 수 있는 인물을 찾아 소통을 수행했다. 대표성 측면에서 적절한 소통 대상을 선정했다. 최근에 독립출판 관련 대형 전시가 열렸다는 것을 감안하면, 비교적 시의성도 있는 주제를 선택했다. 한 번쯤 들어봤으나, 구체적인 지식이 없어 명확히 알지 못하는 이러한 주제를 선정한 경우, 읽는 이의 관심을 끌 수 있다.

두 학생의 소통 과정은 쉽지 않았다. 심지어 첫 시도에는 인터뷰를 거절당했다. 대개 이런 경우라면 대안을 찾게 마련인데, 두 학생은 그가 가장 적절한 인물이라는 생각에 포기하지 않고 소통 대상을 직접 설득하는 노력을 했고, 결국 소통을 이끌어냈다. 소통 대상 역시 이러한 학생들의 열정에 감복했는지 당초 서면 인터뷰만 승인했다가 결국 대면 인터뷰를 승낙했다. 프로가 아닌 학생들이 이 정도 근기를 갖고 집요하게 인터뷰를 성사시켰다는 점이 대견했고, 섭외에 실패했다가 극적으로 성공한 학생들의 과정 자체가 감동을 주었다.

해당 주제와 인물에 대한 두 학생의 열정만큼 기획안의 구성도 탄탄

한 편이었다. 두 학생은 과거-현재-미래의 형식으로 주제에 대해 나름의 시간적 구성을 잡고 각각에 대한 세부 질문들을 고안했다. 아쉬운 점은 기획안에 구상한 체계적인 질문들이 실제 소통에서는 100% 반영된 것으로 보이지 않는다는 점이었다. 아무래도 인터뷰를 처음 진행하다 보니 본인들이 구상했던 깊이까지 질문을 치고 들어가기 어려웠을 줄로 판단된다. 학생들이 애초 고안한 것보다 다소 미흡한 수준의 소통이 수행되었지만, 그럼에도 불구하고 전반적으로 사전에 정해놓은 흐름에 따라 질문을 원활하게 진행한 느낌이 들었다. 다소 생소할 수 있는 독립출판의 개념 정의부터 시작해 그 미래까지 들여다본 짜임새 있는 글의 구성이 읽는 이로 하여금 독립출판을 개괄적으로 파악할 수 있게 했다.

한 가지 덧붙이자면, 보고서에도 언급되었듯 진입장벽은 많이 낮아졌지만 독립출판은 여전히 일부 젊은이들의 표현 수단에 머무르고 있는 한계가 있다. 이에 두 학생이 독립출판에 생소한 읽는 이들을 고려하여 독립출판에 참여하기 위해서는 어떤 과정과 절차를 거쳐야 하는지 추가적으로 질문해주었다면 더 좋았을 것 같다. 이 글에는 독립출판의 많은 장점이 제시되어 있는 반면, 글을 읽고 나서도 '그렇다면 독립출판은 어떻게 할 수 있는데?' 하는 질문이 해결되지 않는 아쉬움이 있다. 아마 본인들은 이미 알고 있는 과정이기에 생략되었을 것으로 판단된다.

마지막으로, 두 학생의 바람대로 이번 기회를 통해 본인들 스스로 훌륭한 독립출판물을 출간하게 되길 기대한다.

4:6, 3:7의
사고방식이 필요하다

전북대학교 신문방송학과 강준만 교수

언론정보학과 박지은
영어교육과 정수진

빨갱이, 종북, 좌파, 우파, 꼴통보수. 평소 자주 접할 수 있는 단어다. 선거철이 되면 더욱 두드러지는 영호남 편 가르기. 보수-진보의 대결은 우리나라 정치 메커니즘이다. 이런 상황 속에서 우리는 소통을 외친다. 과일가게를 운영하는 아줌마도, 숙련된 택시기사도, '커뮤니케이션의 이해' 수업을 듣고 있는 우리도 소통이 중요하다고 말한다. 하지만 우리는 정치인들의 태도를 보며 흔히들 "불통의 시대다.", "말이 통하지 않는 사회에서 살고 있다."라고 툴툴댄다. 편 가르기가 횡행하는 우리 사회에서 과연 제대로 된 소통이 가능한가. 보수-진보이기를 자처한 언론들, 내 편이 아니면 깎아내리기 바쁜 미디어들. 자극적인 제목과 세월호 침몰 사고와 같은 사회적 문제를 그저 정치적 이분법으로 해석하는 우리나라의 정치 상황에 제대로 된 소통이 가능한가.

전북대학교 신문방송학과 강준만 교수는 한국 사회 소통 단절의 원흉을 편 가르기라고 비판하며, 편 가르기가 일어난 이유와 소통을 위한 실천 전략을 제시한다. 그는 현재 한국 정치 소통의 암울한 단면을 적나라하게 지적하며 단지 거기에만 머무르지 않고 그에 대한 해결책까지 제시하려 한다. 강준만 교수는 보수와 진보 양쪽을 모두 비판하고 있으며 극단적인 좌우를 통합하는 중도야말로 그가 추구하는 제대로 된 정치 소통이라 말한다. 그가 생각하는 정치 커뮤니케이션은 무엇인지, 그리고 현 사회가 필요로 하는 좋은 정치 소통은 무엇인지, 그리고 이를 위해 우리나라 미디어들은 어떤 태도를 가져야 하는지에 대해서 직접 강준만 교수와 소통하고자 한다.

소통을 준비하며

우리가 원하는 소통

강준만 교수는 교수이자 정치 평론가, 언론인이다. 1995년부터 집필을 시작해 사회과학서로는 드물게 20만 부 이상 판매된 『김대중 죽이기』라는 책으로 정치평론가로서의 명성을 얻게 되었으며, 이후 『김영삼 이데올로기』, 『전라도 죽이기』, 『서울대의 나라』, 『싸가지 없는 진보』 등 200권이 넘는 폭넓고 다양한 저서를 집필해왔다. 그는 한국 정치 노선 구분에 대해 부정적인 입장을 취하면서 정치 소통의 여러 문제점을 지적한다. 특히 미디어에 의해 정치적 극단성을 띄는 우리나라 정치 현실을 '미디어 당파주의'라고 꼬집는다. 우리는 현시대의 대표적 정치 커뮤니케이터인 강준만 교수와의 인터뷰를 통해 한국 정치에서 간과되고 있는 소통 위기의 구체적인 모습을 그려보고, 이를 해결할 수 있는 방안은 무엇인지 깊이 생각해볼 수 있기를 기대한다. 그리고 이러한 상황에서 미디어는 어떤 태도를 취해야 할 것인지에 대한 논의가 이루어질 수 있기를 기대한다.

어떻게 소통할 것인가?

25년간 200여 권의 책을 썼지만 언론과의 인터뷰를 한 것은 손에 꼽을 만큼 적다. 책으로써 자신의 생각을 표현하는데 익숙한 까닭인지 인터뷰를 싫어한다고 한다. 한 신문사와의 인터뷰는 삼고초려 끝에 이루어졌다는 말을 듣고 걱정이 되었다. 일단 전북대학교 신문방송학과 홈페이지에 명시되어 있는 강준만 교수의 메일로 인터뷰 요청을 했다. 인터뷰 요청을 거절할까 봐 걱정이 되었지만 정중하게 소속을 밝히고 인터뷰 요청을 했다. 메일을 보내고 하루 만에 답장이 왔는데 예상 외로 관대하게 수락해주어 다행스러웠다. 다시 인터뷰 수락에 대해 감사 메일을 보내며 인터뷰가 가능한 날을 물어보았고, '글쓰기 특강'이라는 수업이 있는 금요일에 오라는 답을 받았다. 인터뷰 일자는 2015년 5월 8일 금요일 16시에서 18시까지, 장소는 전북대학교 강준만 교수의 사무실로 정해졌다.

소통 그 후

노선 논쟁은 가짜다

강준만 교수의 저서와 이전 인터뷰를 보면 그는 현재 우리나라에서 통용되는 '중도'라는 단어에 매우 회의적이며 보수-진보 노선 논쟁에 대해 부정적인 입장을 가지고 있음을 알 수 있다. 이 점은 필자들이 강준만 교수에 대한 정보를 찾아보며 제일 먼저 흥미를 느낀 부분이기도 했다.

> "현재 우리나라에서 사람들이 세를 불리고 유리한 고지를 차지하기 위한 용도로 이념을 써먹고 있다. … 노선 논쟁은 편 가르기의 도구이며 현재 선명한 이념, 노선은 대부분 가짜다."

강준만 교수의 생각은 확고했다. 한국 사회에서 중도는 폄하되고 보수-진보로 나뉜 노선은 편 가르기에 지나지 않는다고 했다. 그는 이에 대해 정치 상황에서의 승자 독식주의를 한 원인으로 들며 이 때문에 중도는 이익이 되지 않아 제대로 성장하지 못한다고 지적했다. 특히 진보 쪽에서 중도를 비판하는 것에는 감정을 실어 매우 신랄한 비판 의견을 드러내기도 했다.

“중도라고 비판을 막 하니까 화가 나고 짜증이 난다. 저거 사기인데, 거짓말인데. … 진보는 세상을 바꾸려는 것보다는 자신들이 세상을 바꾸려고 한다는 것을 알리는 것이 목적이다.”

그는 현재의 이념 논쟁은 이념의 표출로써 자기편을 형성하는 것에 지나지 않는다면서 본말이 전도되었음을 지적했다. 결국 현실적으로 상대방을 제거할 수 없으니 협상과 타협이 중요하지만 현재 우리나라 정치 상황에서는 이것이 잘 이루어지지 않는다는 안타까움을 드러냈다.

돈이 되는 증오가 정치를 주무른다

우리가 관심을 가진 또 다른 부분은 강준만 교수가 제시한 증오의 정치, 증오

딴지일보 제공

상업주의였다. 강준만 교수에게 '증오'라는 것이 어디서부터 시작된 것이며 왜 극단적인 형태로 표출될 수밖에 없는지에 관해 물었다.

" 정치는 적과 아군을 구분하는 것이며 증오 없이는 불가능하다. 역사적으로 정치의 태생은 증오다. … 증오는 관리하고 통제해야 할 대상이지만 여권, 야권 모두 증오를 통해 세력을 형성하려 한다.”

그는 이 부분에서 과거 자신이 당파적인 주장을 많이 했을 때 자신을 열렬히 지지했던 사람들이 의견을 달리하자 자신을 변절자로 치부한 경험을 들려주었다. 이어서 그는 지식인이 결국 이미 증오와 이념을 가지고 있는 대중을 만족시키는 치어리더에 불과하다고 자조했다. 또한 그는 소수를 타깃으로 한 증오는 돈이 되며 이러한 증오 상업주의는 당장 눈앞에 있는 편향성을 지닌 사람들에게는 효과가 있지만 전체 대중을 상대할 때는 소용이 없음을 지적했다. 그러나 이미 사회가 증오 상업주의에 너무나도 물들어 그 프레임을 깨기는 어렵다는 점도 덧붙였다.

보수와 진보, 타협이 없다

우리는 온라인상에서 극렬하게 펼쳐지는, 과거 보수의 '빨갱이' 프레임에 비견되는 현재 진보의 '일베충' 프레임에 주목했다. 또한 인터넷 여론과 현실에서 다른 양상을 보이는 보수-진보의 온도 차이에도 의문점을 가졌다. 이러한 상황에서 그에게 타협 없는 진보와 의견 없는 보수, 양쪽이 가져야 할 태도는 무엇인지, 그리고 그들 사이의 타협이 가능할지에 대해 물었다. 그러나 돌아오는 대답은 필자들의 예상과는 다르게 다소 암울했다.

> “김빠지는 이야기일지는 몰라도 불가능하다고 본다. 비관적으로 본다. 안 바뀐다.”

강준만 교수에 따르면 열정 있고 참여도가 높은 사람들은 목소리가 큰 반면, 타협을 거부한다. 극단적이지 않은, 중심을 잡아줄 수 있는 사람들이 의견을 많이 표출해야 하지만, 현실은 그렇지 않다는 것이다. 근본적 진보주의가 문제라고 했다. 그는 진보적 가치에 충실하여 어떤 타협과 양보도 불가능하다는 점이 한국 진보의 가장 큰 문제이며 이것이 보수-진보 사이의 소통을 단절시키는 주요한 원인 중 하나라고 비판했다. 다른 생각을 허용하지 않고 상대를 인정하지 않는 진보의 폐해를 꼬집었다. 그 또한 한겨레에 타협에 관한 글을 기고했을 때 ‘일베충’ 소리를 들어보았음을 고백했다.

> “4:6, 3:7의 사고방식을 가져야 한다. 내가 6이라면 저쪽도 4의 정당성을 가진다고 인정해야 한다.”

덧붙여 진보가 도덕적 우월감을 느끼는 것이 아니라 우월감을 느끼는 사람이 진보가 되는 것이라는 날카로운 통찰을 제시했다. 그는 이러한 본말 전도의 상황이 바뀌려면 인적 청산보다는 다른 생각을 가진 사람들을 포용해 다양성을 확보하는 방향으로 나아가야 함을 주장했다. 결국 더불어 살아가는 것, 공존을 궁극적인 해결책으로 제시했다.

저널리즘의 미래는 암울하다

강준만 교수는 시장의 세분화가 미디어 당파주의를 심화시킨다고 보았다. 그는 현재의 미디어들이 다양화되는 상황에서는 필연적으로 강한 전체적 결속 대신 철저하게 파편화된 상황에서의 느슨한 연결, 연대로 갈 수밖에 없다고 설명했다. 이러한 상황에서 어느 편도 들지 않는 중도 매체는 돈이 되지 않는다는 것이다.

이어 이러한 암울한 상황에서 앞으로 미디어가 취해야 할 태도가 무엇이냐는 질문에 강준만 교수는 한숨이 나온다는 말을 먼저 꺼냈다. 열악한 신문 산업의 환경에서 미디어 당파주의는 단지 당파성의 문제가 아니라 저널리즘 행위 자체의 위기라는 점을 지적했다.

> “정보를 얻는 소스가 달라지고, 중요하다고 생각하는 정보의 형태가 바뀐 건데, 저널리즘에 대한 생각도 바뀌어야 하는 게 아닌가.”

그는 저널리즘의 암울한 현재와 미래를 걱정하면서도, 결국 앞으로 미디어가 취해야 할 태도에 대해서는 "답이 없다."라고 답했다. 우리의 예상과는 달리 매우 허무하고 염세적인 결론이었지만, 현 미디어 상황을 생각해보면 어느 정도 납득이 가는 말이었다.

인터뷰가 싫다

처음 인터뷰를 기획할 때 가장 우려했던 점은 다른 매체와의 인터뷰에서도 밝혔듯 그가 인터뷰를 싫어한다는 점이었다. 수없이 많은 책을 발간했지만 인터뷰는 손에 꼽을 만큼 적게 한 강준만 교수에게 인터뷰를 싫어하는 이유가 따로 있는지 물었다. 그에게서 돌아온 답은 의외로 간단했다.

> "인터뷰는 힘들어서 싫다. 인터뷰를 하다 보면 열을 내게 되는데 … 체력적으로 힘들다."

이런 그가 얼마 전 종편 JTBC와 인터뷰를 진행했다. 안티조선운동을 이끌었던 그이기에 조중동 프레임에 익숙한 우리는 중앙일보 계열의 JTBC와의 인터뷰가 일종의 그가 주장한 '타협'이라고 볼 수 있는가에 대해 물었다. 하지만 그는 원래 본인은 안티조선운동만 했을 뿐 안티조중동을 한 것은 아니라고 단호하게 밝혔다.

“조중동을 분열을 시켜야지 왜 세를 묶으려고 하는가? 이는 바보 같은 일이다.”

그는 현재 JTBC가 보여주는 행보에 전략적인 목적이 있든 그렇지 않든 기존과는 다른 태도를 보이고 있으므로 수용해야 한다고 덧붙였다. 우리의 예상과는 다소 다른 답변이었지만 강준만 교수의 솔직한 면모를 엿볼 수 있었다.

나는 불완전한 커뮤니케이터다

“나는 스스로가 제대로 된 커뮤니케이터라고 생각하지 않는다. 그것은 마치 축구해설을 잘하는 사람이 축구실력이 뛰어나지 않는 것과 같다. 소통이란 직접적인 접촉이 있어야 하지만 나는 글만 쓰기 때문이다.”

스스로를 ‘불완전한 커뮤니케이터’라고 평가한 강준만 교수는 현재 우리 사회에서 벌어지고 있는 문제들은 국민적인 안전 불감증과 상층부 관료집단의 부패가 결부되는 전반적인 문제라고 지적했다. 그는 이런 상황을 국민적 성찰의 기회로 삼지 않고 오히려 증오만이 표출되고 있다고 말하면서, 지금 필요한 커뮤니케이터의 자질은 어떤 문제에 대해 그것이 우리 모두의 잘못임을 인정하고 성찰하는 자세라고 덧붙였다.

에필로그

사실 처음 강준만 교수와의 인터뷰를 기획했을 때, 그리고 인터뷰를 시작하기 직전까지도 우리는 어떤 기대에 부풀어 있었다. 현재 한국 사회의 정치 소통의 문제를 날카롭게 꿰뚫고 있는 그였기에 이러한 상황을 타파할 기가 막힌 해결책을 제시할 것이라 예상했다. 그러나 인터뷰를 수행하면서 느끼게 된 것은 더할 나위 없는 허무였다. 우리가 강준만 교수를 통해 만난 것은 한국 사회의 극단주의와 현대 저널리즘의 뼈아픈 현실이었다. 특히 한국 정치의 보수-진보 간의 화해가 가능하냐는 질문과 앞으로 미디어가 취해야 할 태도가 무엇이냐는 질문에 똑같이 "답이 없다."라고 대답한 것은 꽤 충격적이었다. 소통 계획서를 작성하던 당시만 하더라도 어느 정도 문제 상황에 해결책이나 희망은 있을 거라 생각했던 우리 스스로가 순진하게 느껴질 만큼 현재 한국 사회는 소통 단절의 문제가 심각한 것이다.

인터뷰 도중 필자들은 계속해서 어떤 결론을 내리려고 했다. 그것이 과제를 위한 것이었든, 개인적 바람에 의한 것이었든. 그러나 결국 결론은, 결론이 없다는 것이다. 한국 정치 상황의 대립은 너무나도 극단적이며 그것을 중재하고 올바르게 전달해야 할 미디어는 급격한 사회적·기술적 변화로 인해 스스로의 앞가림마저 힘든 상태다. 이러한 상황에서 문제와 상황에 대한 결론을 낸다는 게 어찌 보면 시기상조일수도 있다. 섣부르고 설익은 결론을 내기에 앞서, 강준만 교수가 그랬듯이 문제 상황에 대한 정확하고 통렬한 인식이 선행되어야 한다. 보수-진보, 어느 쪽에도 맹목적으로 치우치지 않고 상황에 따라 유연한 모습을 보이며 비판을 겸허히 수용하고 원칙주의, 근본주의를 벗어나 타인을 포용하는 태도, 소수에 의한 정치가 아니라 대중과 친밀한 정치가 선행돼야 한다.

지금 상황은 암울하다. 비단 정치뿐만이 아니라 사회, 경제 전반적으로 암울한 상황이다. 짙은 안개가 뒤덮인 듯 한국 정치 소통과 미디어가 나아가야 할 길 자체가 보이지 않는다. 그러나 가만히 앉아 있을 수만은 없다. 현재 당장 결론이 구해지지 않더라도 우리는 지금까지 그렇게 해온 것처럼 끊임없이 소통을 추구해야 할 것이다. 암울한 정치와 미디어 사회하에서 필자들이 강준만 교수에게 듣기를 원했던 바로 그 소통의 결론을 언젠간 찾아낼 것이다. 영화 '인터스텔라'의 대사와 같이 우리는 답을 찾을 것이다, 늘 그랬듯이.

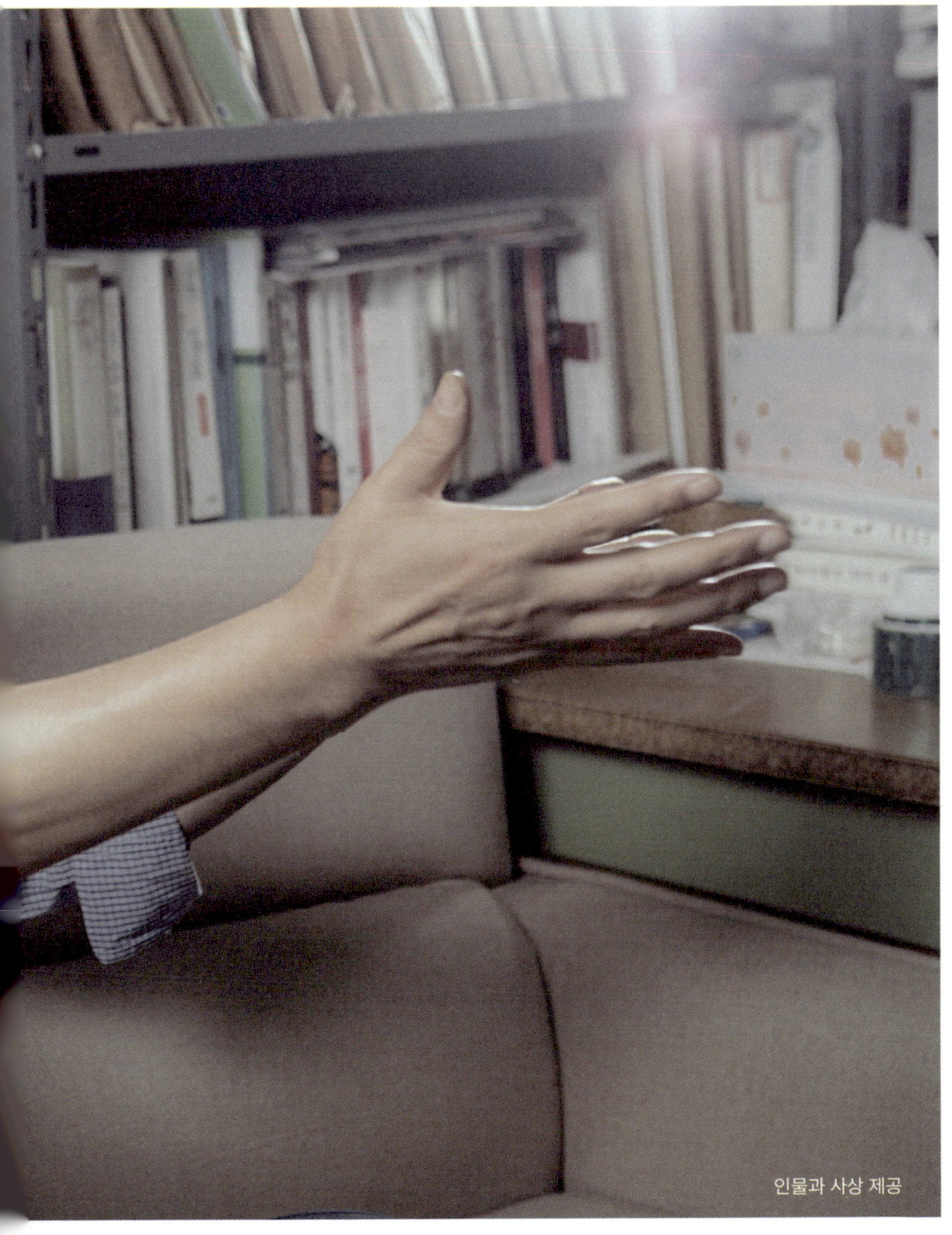
인물과 사상 제공

feedback from prof.

사회적 소통과 미디어에 대한 문제의식이 돋보였다. 이들은 우리 사회의 편 가르기식 정치 문화, 이를 강화하는 미디어 당파주의에 환멸을 느끼고, 이러한 문제들에 대해 비판적 견해를 밝혀온 강준만 교수와 소통했다. 20대의 정치 무관심이 급증하고 있는 현시대에도 이러한 문제에 관심을 갖고 있는 학생들이 있다는 사실이 놀랍고 흐뭇했다. 또한 두 학생은 인터뷰 대상자가 인터뷰를 싫어한다는 사실을 알게 됐음에도 불구하고, 지레 겁먹지 않고 그와의 소통을 적극적으로 시도했다. 아마 강준만 교수 역시 두 학생의 이러한 열성을 느끼고 인터뷰에 흔쾌히 응해준 것이리라 생각한다.

학생들의 문제의식과 적극적인 시도에 비해 그 결과물은 조금 아쉬웠다. 우선 두 학생이 과연 소통 대상자의 의도를 제대로 파악한 것이 맞는가 하는 의구심이 들었다. 두 학생은 강준만 교수가 편 가르기식 정치와 미디어 당파주의의 해결책에 대해 "답이 없다."라고 해 허무했다고 결론 내렸다. 인터뷰 내용을 읽어보면 실제 강준만 교수는 "답이 없다."라고 말했다. 그러나 전체적인 문맥의 흐름 속에서 보면 두 학생은 강 교수의 대답을 지나치게 사전적으로 해석한 측면이 있지 않나 싶다. 담당 교수가 보기에 강준만 교수는 그만큼 현 상황이 답답하고 회의적이라는 점을 강조한 것일 뿐, 인터뷰 중간 중간 나름의 해답을 제시하고 있다. 예컨대 진보 세력이 보수 세력을 인정하고 공존해야 한다는 것이 그중 하나가 될 것이다. 이러한 측면에서 보면 두 학생은 강준만 교수의 원 의도를 확대 해석 또는 왜곡하고 있는 것일 수 있다.

이와 함께 정치의 문제, 저널리즘의 문제를 동시에 다루려다 보니 인터뷰 구성이 산만해 보이기도 했다. 두 주제 모두 각각이 방대하고 큰 주제여서 그중 하나에만 집중해 강준만 교수의 견해를 분석해 나갔으면 더 알찬 소통 결과물이 되었을 것 같다. 두 학생은 여기에 강 교수 개인에 대한 질문들까지 추가했다. 그러다 보니 보고서가 다소 어수선하고 통일성이 떨어지는 느낌이다.

몇 가지 약점에도 불구하고 이 소통 과제는 인터뷰 대상 선정 및 소통 계획 수립 단계에서 학생들이 보여준 통찰력이 남달라 돋보였던 과제였다.

2부
소통 약자와의 소통

농아인과 처음 소통하다

농아인 송우리 씨

언론정보학과 김민선
사회과학계열 최인혁

이번 소통 프로젝트에서 선정한 소통 대상은 '농아인'이다. '청각장애인'이라는 용어 대신 '농아인'이라는 용어를 사용하는 것은 실제 당사자들이 후자로 불리는 것을 선호하기 때문이다. '장애인'의 반대말은 '일반인' 내지 '정상인'으로 인식된다. 이 표현은 일반인, 정상인이 모든 면에서 장애인에 비해 더 온전하다는 의미를 내포하고 있다. 반면, '농아인'의 반대말은 '건청인'이다. 이는 듣는 능력에만 주목한 표현으로, 건청인은 소리를 듣는 부분에 한해 건강하다는 의미를 갖고 있어 덜 차별적이다.

소통 대상으로 농아인을 선정한 이유는, 이들이 커뮤니케이션에 큰 어려움을 겪는다고 생각했기 때문이다. 사람들은 일상생활에서 말을 하고 듣는 과정을 통해 의사소통을 수행한다. 하지만 이러한 행위가 농아인에게는 커다란 장벽일 수 있다. 보청기를 착용하고 사람의 입 모양을 읽어 말을 하는 농아인도 동시에 여러 사

람들과 행하는 대화는 어려워한다. 문자를 모르고, 소리 내어 말하지 않으며, 수화만을 사용하는 농아인의 경우에는 의사소통이 더욱 어렵다.

이들과의 소통이 어려운 이유로는, 우선 건청인 중 수화를 아는 사람의 비율이 매우 낮다는 점을 들 수 있다. 또한 건청인이 수화를 알고 있다 하더라도 농아인의 수화를 이해하는 것은 쉬운 일이 아니다. 이준우의 저서 『수화의 이해와 실제』에 따르면, 수화로 대화를 나누는 상황에서는 학계에서 공식적으로 인정하지 않지만 농아인의 관용적 수화 표현인 '농식 수화'가 빈번하게 사용되며, 수화에는 품사 구분이 없기 때문에 어순이 도치되는 경우도 자주 있다고 한다. 농아인의 자신감 결여 역시 커뮤니케이션의 장애물로 작용한다. 언어능력의 부족은 개념 학습에도 지장을 주는데, 결과적으로 사회의 가치나 규범을 완전히 습득하지 못한 농아인은 상대적으로 낮은 사회성을 갖게 된다. 이에 우리는 이번 프로젝트를 통해 소통에 어려움을 겪고 있는 농아인들과 진정한 의미의 소통을 해보고 싶었다.

소통을 준비하며

우리가 원하는 소통

우리가 농아인과의 소통을 통해 알고 싶은 것은 '그들이 경험하는 세계'다. 그들이 경험하는 세계라 함은, 우선 그들이 감각하는 세계가 될 수 있을 것이다. 아무 소리도 들리지 않는 고요한 공간인지, 아니면 이해할 수 없는 웅얼거림이 배경처럼 깔려 있는 공간인지 우리가 느껴볼 수 없는 세상에 대해 질문하고 싶다.

두 번째로, 그들이 세상을 살아가면서 맺는 다양한 관계들도 알고 싶다. 특히 가족관계, 의료관계, 교육관계, 직업관계, 그리고 문화관계를 중점적으로 살펴볼 계획이다. 가족관계의 경우, 한국에 사는 대부분의 성인 농아인은 자신과 같은 상태의 성인 농아인과 결혼을 한다고 하는데, 자신이 농아인이라는 점이 결혼에 어떠한 영향을 미치는지 알아보고 싶다. 또 건청인 가족 구성원들과 함께 지내는 농아인 중에는 가족 간 대화를 잘 이해하지 못해 소외감을 느끼거나 정서적 불안감을 느끼는 경우가 많다고 하는데, 이들이 가족관계에서 겪는 어려움, 또는 이러한 어려움을 극복하기 위해 노력한 방법에 대해 알아보고 싶다.

의료관계에 대해서는, 농아인들이 주로 겪는 불편사항에 대해 알아보고 원하는 개선방안이 있는지 들어볼 것이다. 장애인을 배려한 외국 병원이나 의료 시스템의 사례를 살펴보면, 한국에서 농아인들이 매우 큰 불편을 겪고 있을 것이라는 점이 거의 명백해 보인다. 일본의 경우는 주요 관공서나 병원 등에서 수화통역 서비스를 받을 수 있게 되어 있다. 또한 대부분의 농아인에게 팩스가 보급되어 있어 비상시 팩스로 연락을 하는 체계가 일본 전체에 완벽하게 갖추어져 있다고 한다. 그러나 우리나라에 거주하는 농아인은 병원에서 진찰을 받을 때 자신의 상태를 명확하게 설명하기 힘든 상황에 놓여 있고, 응급상황이 발생해도 본인의 힘으로 병원이나 다른 공공기관에 신고하는 것이 거의 불가능하다.

농아인의 교육관계는 이들의 직업과도 밀접한 관련을 맺는다. 농아인들은 학습과정이 일반인보다 훨씬 고되며 오랜 기간이 걸린다. 또 우리나라에서 농아인의 대학 진학은 매우 한정적이다. 이들이 수업에 참여할 수 있는 환경을 갖추고 있는 곳이 일부 대학의 특정 학과 몇 곳에 불과하기 때문이다. 이러한 사회구조적 한계는 농아인들이 적은 월급을 주는 직장에서 일하게 되는 현실로까지 이어지고 있다고 한다. 우리는 농아인들이 실제 경험한 교육 및 직업 현장의 현실에 대해 알고 싶다.

마지막으로 문화관계에 대해, 우리 사회에서 농아인들이 문화생활을 할 수 있는 여건이 얼마나 갖춰져 있는지를 파악할 것이다. 실제로 우리가 청각장애 체험을 위해 각종 텔레비전 프로그램을 소리 없이 시청해보니 농아인에 대한 배려가 많이 부족했다. 특히 예능 프로그램에서는 대부분의 말이 자막으로 처리되어 재미는 다소 반감되더라도 그 내용을 다 이해할 수 있었던 반면, 뉴스에서는 앵커의 말이 자막으로 제공되지 않고 수화통역 역시 찾아볼 수가 없어 놀라움이 컸다.

어떻게 소통할 것인가?

서적과 인터넷 동영상을 통해 농아인에 대한 정보를 얻는 도중, 2014년 CBS 프로그램 '세상을 바꾸는 시간, 15분'에 강연자로 출연했던 농아인 두 분, 노선영 작가와 한상혁 서강대학교 경제학과 재학생에게 이메일을 보내 인터뷰를 요청했다. 하지만 유감스럽게도 해외에 있는 노선영 작가와는 일정이 맞지 않아, 한상혁 학생과는 연락이 닿지 않아 인터뷰할 기회를 얻을 수 없었다.

다음으로 우리는 장애인을 돌보는 기관들을 섭외해보려고 했다. 서울대학교 장애인 인권동아리인 'turn to table'에 대해 알게 되었지만 섭외에 실패했고, 그 이후 몇몇 기관에도 인터뷰 요청을 했지만 거절당했다. 그러다 서울농아인협회 관악구지부 부설 관악구 수화통역센터에서 인터뷰 요청에 대한 승낙을 받았다. 전화로 2015년 5월 29일 오후 3시로 인터뷰 일정을 잡았으며, 사전에 간략한 질문지를 이메일로 보냈다.

원활한 소통을 위해 우리와 농아인 모두, 서로에 대한 거부감과 두려움을 줄여야 한다고 생각했다. 우리의 경우, 농아인의 마음에 상처를 주는 말을 실수로 할지도 모른다는 걱정에 서적과 인터넷 등을 통해 농아인에 대한 사전 지식을 쌓았다. 그리고 농아인의 경우 건청인에 대한 거부감 또는 괴리감이 있을 수 있다고 보아, 이를 줄이기 위해 우리가 건청인으로서 완벽하게는 아니지만 어느 정도 농아인의 아픔에 공감하고, 이들의 문화를 이해한다는 것을 보여주려고 노력했다. 수화로 간단한 인사말을 익혔고, 각종 영상을 소리 없이 보며 청각장애 체험을 해보기도 하며 그들에 공감해보고자 했다.

직접 만났을 때의 소통 수단 역시 중요하다고 생각했다. 우리에게 이번 소통의 목적은 건청인 대 농아인의 대화가 아닌, 사람 대 사람으로서의 대화를 수행하겠다는 데 있다. 따라서 우리가 공감하고 있고 그들을 이해하고 있다는 것을 알리기 위해 인사말과 간단한 자기소개는 수화로 하려고 한다. 이후 세부적인 대화의 경우, 구화(口話)를 할 수 있는 농아인과는 말로써 소통할 것이며, 구화가 가능하지 않은 농아인과는 수화통역사의 도움을 받아 소통하고자 한다.

소통 그 후

2015년 5월 29일 오후 3시, 우리는 관악구청 별관에 있는 서울농아인협회 관악구지부 부설 관악구 수화통역센터를 찾았다. 그곳에서 밝은 미소로 맞아주는 농아인, 건청인인 수화통역사와 함께 약 45분 동안 인터뷰를 진행했다. 인터뷰이인 농아인은 송우리 씨로, 작년 12월에 결혼을 한 여성이었다. 인터뷰는 우리가 구두로 한 질문을 수화통역사가 수화로 바꾸어주고, 송우리 씨의 수화 답변을 통역사가 말로 바꾸어주는 형식으로 이루어졌으며, 우리 씨가 먼저 질문해주는 경우도 있었다.

스무 살 때부터 수화를 해야 했던 후천적 농아인

우리 씨는 후천적 농아인으로, 한쪽 귀는 처음부터 잘 들리지 않았고 다른 쪽 귀 역시 점점 더 기능이 약해진 경우였다. 현재는 보청기를 통해 소리를 작게 듣는데, 보청기 때문에 머릿속에서 "웅~" 하는 소리가 난다고 했다. 특히 본인에게 잘 맞지 않는 보청기를 사용할 경우, 머리가 굉장히 아프다고 했다. 그리고 잠을 잘 때에는 보청기를 빼기 때문에 소리를 들을 수 없다고 했다.

이러한 우리 씨를 수화통역사는 '특이 케이스'라고 불렀다. 왜냐하면 우리 씨는 어릴 때 약하게나마 소리를 들을 수 있어 20세까지는 소리를 내 말을 하다가 대학교 입학 후 처음으로 수화를 배웠기 때문이다. 우리 씨는 이 과정에서 완전히 새로운 농아인 문화를 배우며 정체성에 큰 혼란을 느꼈다고 했다. 다른 농아인 학생들은 말을 할 수 있는데도 수화를 익히며 그들과 함께 어울리려

하는 우리 씨를 경계했지만, 우리 씨는 건청인에도 속할 수 없는 입장이었기 때문이다.

건청인 가족들과는 글로 소통한다

가족관계에 대해서 질문했다. 농아인은 대부분 농아인과 결혼한다는 통계처럼, 우리 씨의 남편도 농아인이라 했다. 둘은 대학교에서 농아인 동아리를 통해 만났다. 우리 씨의 남편은 아기 때 열병을 앓아 청력을 잃은 후천적 농아인으로, 아예 소리를 들을 수 없으며 어릴 때부터 농학교를 다녔다고 한다. 그런데 우리 씨의 부모님과 다른 형제자매는 모두 건청인이다. 건청인인 가족 구성원과 소통할 때는 천천히 말을 해서 입모양을 읽거나 필담을 사용하여 의사소통을 한다고 했다.

병원의 농아인에 대한 배려가 부족하다

다음으로 의료기관을 찾을 때 겪는 어려움에 대해 질문했다. 우리 씨는 병원에 갈 때 수화통역사를 동반하거나 요구사항을 미리 적어서 진료를 받는다고 했다. 그는 의사들이 의도하지는 않지만 농아인에 대한 사전 지식이 없어 배려가 부족한 경우가 있다고 전했다. 예를 들어, 치과에 갔을 때 건청인 환자에게 하듯 눈을 가리면, 세상을 파악할 수 있는 모든 수단이 차단되기 때문에 매우 불편하다고 했다.

수화통역사는 응급상황 시에 농아인이 영상전화로 야간통역사의 도움을 받을 수 있다는 사실을 알려주면서, 그럼에도 이러한 제도가 있다는 것을 모르는 농아인이 많다고 안타까워했다. 또한 농아인은 오진을 받는 경우도 많다고 했다. 특히 글과 수화를 모르는 농아인 어르신들은 주로 그림이나 마임으로 소통하는데, 이들은 약을 복용해야 하는 시간도 잘 몰라 태양 그림으로 파악한다는 예를 들었다.

TV 시청, 영화 감상 모두 쉽지 않다

농아인들은 대중적인 문화생활을 누리는 것 역시 쉽지 않다고 했다. TV의 경우, 수화통역 또는 문자가 없는 방송은 이해하기가 힘들다. 그러나 수화통역이 있는 경우 역시, 방송에서 많은 말이 나오기 때문에 수화가 너무 빠른 것이 문제라고 했다, 외국에서는 수화통역사가 방송인과 거의 비슷한 크기로 나오는데 반해 우리나라에서는 너무 작게 나오는 것도 불편사항이다. 그나마 최근 농아인협회가 건의해 수화통역사의 화면 비율이 조금 더 커졌다고 한다. 청각장애인을 위한 자막이 제공되는 경우 역시, 방송의 말과 싱크가 맞지 않는 점, 청각장애인을 위한 자막이 방송

농아인과 처음 소통하다

의 자체 자막과 겹쳐서 나타나는 점 등이 불편하다고 했다. 특히 용어 설명을 위해 자체자막이 자주 등장하는 사극은 시청하기 힘든 장르 중 하나라고 했다.

영화 관람의 경우 그 제약이 더 심각했다. 시각장애인과 청각장애인을 대상으로 한 달에 한 번 한국영화 한 편을 선정해 자막을 제공하는 등의 지원을 해주는 '베리어프리영화'라는 것이 있는데, 한 달에 영화 한 편이기 때문에 영화 선택의 폭이 너무 적은 것이 문제라고 했다. 실제 우리 씨는 2014년 7월에 크게 흥행한 한국 영화 '명량'을 보고 싶었지만, 그달에 제공되는 영화가 다른 영화였기 때문에 볼 수가 없었다고 했다.

농아 학생에게 책 읽게 시켰던 교사

학교 다닐 때의 고충도 들어보았다. 일반 학교를 다닌 우리 씨는, 선생님이 수업시간에 책에 적혀 있지 않은 내용을 칠판에 뒤돌아서 쓰면서 설명할 때 가장 난감했다고 기억했다. 그렇지 않은 경우라 하더라도 수업 내용을 완전히 이해하는 것은 무리였다. 심지어 초등학교 때에는 농아인에 대한 인식이 부족한 선생님이 다른 농아 학생에게 책을 강제로 읽게 시킨 적도 있다고 했다.

농아인에 대한 관심이 필요하다

마지막으로 장애인과 관련해 우리 사회에 하고 싶은 말을 물어보았다. 그는 농아인에 대한 사회의 관심을 당부했다. 지체장애나 시각장애의 경우, 겉으로 티가 나기 때문에 사람들이 도와주려 하는 데 반해 청각장애의 경우에는 사람들이 이들의 고통을 잘 알아차리지 못한다는 것이다. 또한 농아인은 자신의 의견을 표출하기가 어려워 다른 사람들로부터 오해를 받는 경우도 많다고 한다. 소리가 들리지 않아 반응을 하지 못한 것인데 '무시한다'고 오해하는 건청인도 많고, 한 농아인은 배가 아파 길에서 데굴데굴 굴렀는데 행패를 부리는 사람이라고 오해받은 경우도 있다고 했다.

대학에서 사회복지학을 전공한 우리 씨는 현재 관악구 수화통역센터에서 농아인과 건청인의 중간 단계의 역할을 수행하고 있다. 회원 관리와 농아인 관련 프로그램을 담당하는데, 농아인들이 새로운 것에 대한 거부감이 있어 꼭 필요한 도움인데도 이를 거절할 때가 많아 안타깝다고 했다. 그럼에도 불구하고 유용한 도움을 연결해주고 나서 농아인들이 원활하게 생활하는 것을 보며 보람을 느낀다고 했다. 그는 관악구 수화통역센터에서 수화 교육을 비롯해 체육대회 등의 여러 프로그램이 진행되니 많은 건청인들이 농아인에 관심을 갖고 다가와주기를 기대한다고 덧붙였다.

에필로그

민선

인터뷰를 준비하는 과정에서 농아인마다 청력에 차이가 있다는 것, 농아인 중에서도 수화를 모르는 사람이 많다는 것 등 새로운 사실들을 많이 알게 되면서 기존의 인식이 크게 바뀌었다. 이후 직접 인터뷰를 통해 농아인을 더 이해하고 그들의 고충에 마음을 열게 되었다. 송우리 씨와 이야기하면서 농아인이 겪는 다양한 방면에서의 아픔에 대해 알아보았는데, 특히 농아인들이 문화생활을 거의 누릴 수 없다는 점이 가장 충격적이었다. 문화생활은 삶의 질과 직결되는 문제로, 문화생활 없이는 생활의 즐거움이 현격하게 떨어질 것이라고 생각하기 때문이다. 훗날 이를 개선하는 데 도움이 되고 싶다는 생각도 했다. 내겐 인터뷰도 큰 영향을 미쳤지만, 인터뷰가 끝나고 나서 잠깐 동안 본 광경 역시 정말 잊을 수 없었다. 대학생이 농아인과 인터뷰를 하러 왔다는 소식을 들은 센터장이 보인 모습들이었다. 직원들과 분주하게 수화를 나누는 모습, 진심이 담긴 표정으로 격렬하게 우리에게 헬렌 켈러의 말을 전해주던 모습, 그리고 학교에 돌아가서 농아인의 상황을 알리겠다고 하니 각종 팸플릿을 봉투에 담아주는 모습. 수화를 잘 알지 못함에도 불구하고 그곳의 모든 이들의 진심이 느껴져 큰 감동을 받았다.

인혁

할머니께서 청력이 좋지 않으셔서 청각장애에 관해서 생각해볼 일이 있었는데, 우선 그 일에 관해서 나름의 해결책을 얻을 수 있어서 유익했다. 또한 농아인들이 평소에 예상했던 것보다 더 열악한 환경에서 사는 것을 보고, 우리나라 정책이 앞으로 나아갈 길이 멀다고 생각했다. 농아인과 소통하는 데 있어 수화를 모르면 큰 장애가 된다고 느꼈고, 동시에 수화는 우리와 소통하는 방식이 다르다는 것도 알게 됐다. 수화는 상대적으로 덜 정교해서 복잡한 것을 전달하는 데 시간이 걸리는데, 이 점이 건청인과 농아인 간의 소통에 어려움을 주고 있다는 생각이 들었다.

feedback from prof.

귀가 들리지 않는 농아인과의 소통이라! 농아인과 소통한 두 학생의 과제물은 귀로 듣고 말로 대화하는 소통에만 익숙해 있던 이들에게 신선한 울림을 줄 것이다. 학생들에게 소통 프로젝트 과제물을 제시하면서도 전혀 예상치 못했던 반전이었다. 살면서 한 번도 시도해보지 않았던 농아인과의 소통을 시도하는 것 자체로 두 학생의 프로젝트는 큰 의미가 있다고 본다.

대상 선정뿐 아니라 두 학생의 문제의식도 훌륭했다. 단순히 농아인과 소통하는 데 그치지 않고, 이를 통해 농아인이 의료제도, 교육제도, 문화제도 등 우리 사회의 제도 속에서 겪는 고충을 살펴보고자 했다. 이를 위해 사전에 외국의 사례 등을 철저히 조사한 점도 두 학생이 이 문제에 대해 얼마나 고민을 많이 했는지 알게 했다. 농아인을 만나기 전에 간단한 수화 인사말과 자기소개를 익히고, 어설프지만 나름의 청각장애 체험도 해본 학생들의 성의와 배려를 보며 두 학생의 진심이 느껴졌다. 청력이 좋지 않은 할머니를 생각하며 이 프로젝트에 임한 최인혁 학생의 마음 역시 진정성이 느껴져 감동을 주었다.

이 과제 역시 기획 단계에서 우여곡절이 있었다. 학생들은 여러 차례의 섭외 끝에 인터뷰 대상을 선정할 수 있었다. 그 과정이 쉽지 않았겠지만, 학생들에게 큰 도움이 되었으리라 믿는다.

한 질문에 대해 다면적인 답변이 제시되지 않아 아쉽긴 하지만, 보고서의 내용 역시 대체로 충실한 편이었다. 학생들은 본인들이 기획했던 대로 의료제도, 문화제도, 교육제도 등에서 농아인이 실제 겪은 고충을 질문해 생생한 답변을 담아냈다. 읽는 이들, 특히 건청인이 익숙한 이들에게 농아인에 대한 새로운 정보를 줄 수 있는 내용이라고 생각한다. 두 학생에게도 실제 이 프로젝트가 많은 영향을 준 것으로 보인다. 학생들은 소통 후 농아인에 대한 인식이 변하였고, 졸업 후 농아인들이 겪는 제도상의 문제를 해결하는 데 도움이 되고 싶다는 생각을 하게 되었다. 이들의 마음에 이러한 울림을 주었다는 것만으로도 이 소통 프로젝트가 애초 추구했던 목표를 충분히 달성했다고 할 것이다.

성매매를 대신할 일자리가 필요하다

여성성공센터W-ing 박정애 자활지원국장

지리학과 황기현
정치외교학부 박진아

우리 사회에서 사회적 약자와 소수자에 대한 담론이 본격적으로 수면 위로 떠오른 것은 비교적 최근의 일이다. 여전히 사회의 관심조차 끌지 못하거나 본격적인 논의를 이끌어내지 못한 약자들도 존재한다. 우리는 그중에서 특히 '탈성매매 여성'과 관련된 주체와 소통하는 것을 목표로 하였다.

사실 '성매매'나 '성매매 종사자'와 관련된 이슈는 꽤 오래전부터 사회적으로 활발히 논의가 이루어져 왔다. 특히 2004년 9월 23일부터 시행된 이른바 '성매매 특별법' 때문에 사회 전반적으로 성매매가 범죄라는 인식이 더욱 굳건히 자리 잡게 되었다. 그 결과, 성매매에 종사하는 여성에게 더욱 강력한 사회적 '낙인'이 찍히게 되었고, 성매매를 그만두더라도 그들을 향한 낙인은 쉽게 지워지지 않는다. 이들의 사회 복귀를 위한 논의와 제도적 장치가 미비한 것이 현재의 상황이다.

이와 같은 탈성매매 여성의 현실을 고려하여 최종적으로 소통의 대상을 물색하던 중 사회복지법인 '여성성공센터W-ing(이하 W-ing)'이라는 단체에 대한 정보를 접하게 되었다. W-ing은 가난 때문에 사회에서 소외된 여성들부터 성매매 경험으로 인해 신분을 감추고 살아야 하는 여성들까지, 그들이 '일'을 통해 자활할 수 있게 도움을 주는 여성자활지원센터다. 탈성매매 여성이 주체적으로 다양한 매장을 운영하고 일하며 활기찬 삶을 누릴 수 있도록 도움을 주고 있는 것이다. 이에 우리는 W-ing 대표와의 소통을 계획하기에 이르렀다.

소통을 준비하며

우리가 원하는 소통

탈성매매 여성에 대한 이야기를 W-ing 대표의 목소리를 통해 전해 듣고, 그들이 처한 현실에 대해 이해하게 될 수 있을 것이라 기대한다. 우리가 미처 몰랐던 탈성매매 여성들의 사회복귀를 위한 노력과 그 과정에서 느끼는 고충에는 어떤 것들이 있는지 살펴볼 수 있을 것이다. 더 나아가 이번 소통을 우리 스스로 탈성매매 여성 문제에 대한 담론을 내재화하고, 사회의 소수자와 약자에 대한 관심을 높이는 계기로 삼을 것이다. 궁극적으로는 이번 소통을 기획한 두 명의 주체 스스로가 탈성매매 여성들, 더 나아가 사회의 소수자와 약자가 처한 현실과 그들이 가진 이야기를 전해줄 수 있는 미디어가 되고, 후에 이에 대한 논의를 더욱 적극적으로 이끌어갈 수 있는 커뮤니케이터가 될 것이라 기대한다.

어떻게 소통할 것인가?

우리는 W-ing의 센터장에게 면담을 요청하는 메일을 보냈다. 이후 인터뷰 일시(2015년 5월 12일 오후 6시)와 장소(신길동 '그 가게')를 확정했다. 그런데 시간이 애초의 소통 대상으로 예정되었던 센터장의 휴가 기간과 겹쳐, 부득이하게 W-ing의 박정애 자활지원국장과 인터뷰를 진행하기로 하였다. 인터뷰에 앞서 소통의 테마를 '탈성매매 여성들과의 공존'으로 정한 뒤 이들의 자활과정을 거시적이고 제도적인 측면이 아닌 개개인의 사연과 생애에 초점을 맞추어 바라보고 공감하는 것을 목표로 잡고, 이를 소통 대상자에게 미리 알렸다. 소통에 앞서 사전 지식을 습득하기 위해 탈성매매 여성들의 생생한 수기 모음집인 『너희는 봄을 사지만 우리는 겨울을 판다』와, 성매매 여성들의 피해 실태를 고발한 봄빛여성재단의 『2008년 봄빛 심포지엄: 미국, 일본, 호주의 한국 여성 성매매 피해 실태』 자료집의 기록을 살폈다.

소통 그 후

W-ing의 박정애 자활지원국장은 W-ing에서 운영하는 카페인 '신길동 그 가게'에서 따뜻한 음료를 대접해주었다. 이후 2층에 마련된 사무실에서 조용히 이야기하는 것이 어떻냐는 제안을 해 와 장소를 옮겨 인터뷰를 진행하였다. 인터뷰가 진행되는 동안 박정애 국장은 W-ing을 운영하면서 느끼고 배운 것들에 대해 가감 없이 이야기해주었다.

W-ing 설립 배경과 목적

티켓다방, 업소, 집결지, 유리방, 집창촌, 룸살롱, 주점 등으로 일컬어지는 곳에서 벗어난(탈성매매) 여성들은 우선 '상담소'라는 곳에서 법적 문제를 해결하게 된다. 성매매에 종사하게 되면 성매매 업소로부터 일정 금액의 돈을 먼저 빌려 자신을 꾸미는 데 쓰는데, 이것을 선불금이라한다. 이는 업주들이 성매매 여성들을 묶어두기 위해 쓰는 방식이다. 성매매 방지법이 발효되면서 이러한 행태가 불법으로 분류되었고, 이에 따라 탈성매매 이후 그 이전에 발생한 채무를 청산하기 위한 법적 지원이 상담소에서 이루어지는 것이다.

이후 여성들은 쉼터와 상담소를 거쳐 사회로 나가게 된다. 그러나 과거의 탈성매매 여성을 위한 쉼터는 단지 이들을 '탈업소(탈성매매)'시키는 데만 그 목적이 있었다. 이후의 사회화 과정을 담당할 인프라가 존재하지 않았던 것이다. 이에 따라 쉼터와 상담소에서 머무르는 기간이 지나고 나면 여성들은 다시 성매매에 종사하거나, 쉼터에서 무기력한 삶을 유예하거나 또는 유사 성행위 업소로 들어가는 등의 제한된 선택을 해야만 했다. 또한 이들은 성매매에 종사할 당시 자신에게 가해졌던 통제와 억압에 익숙해졌기 때문에 직업을 가진 이후에도 자신에게 가해지는 사회적 자극에 둔감할 수밖에 없어 일반적인 사회적 관계망 속에 녹아들기 어려웠다고 한다. 결과적으로 한 직업에 정착하지 못하고 일주일 혹은 한 달 만에 직업을 바꾸거나 그만두게 되는 경우가 많았다. 이러한 과정을 보며 탈성매매 여성에게 과도기적 일자리가 필요하지 않을까 하는 고민 끝에, 2007년에 W-ing이 설립됐다.

탈성매매 여성들에 대한 사회적 인식

탈성매매 여성들은 사회에 나왔을 때 자신을 드러낼 수 없는 투명인간이 된다. 자기가 성매매에 종사했던 기간 동안의 이야기를 할 수 없기 때문에, 즉 자기 자신을 온전히 드러낼 수 없기에 관계 형성에 큰 어려움을 겪는다. 그렇다고 해서 이들에게 "왜 당당하지 못해!"라고 다그치는 것은 폭력이다. 실제로 이들이 모든 것을 말했을 때에 그것을 있는 그대로 받아주는 사람은 드물기 때문이다. 한 예로, 탈성매매 이후 학교를 다니다가 자신이 성매매를 했던 과거를 밝히자 교수가 그 여성의 귓불을 만지는 일도 있었다.

따라서 이러한 사회적 인식에 대비하기 위해, W-ing이라는 공간 안에서는 스스로가 강해지는 연습을 한다. W-ing에서만큼은 자유롭고 재미있게 살자는 목표가 있다. 여성들은 자기 상처를 포용하고 철저히 자신의 삶을 사랑하며 강해지는 연습을 한다. 이러한 경험을 통해 여성들에게 자신들이 세상에 대해 어떻게 방어하고 공격하며 살 것인지에 대한 관념이 형성된다. 물론 W-ing에서의 연습이 사회에서 그대로 반영되지는 않겠지만, W-ing에서 대비한 여성들에게는 이전처럼 쉽게 무너져 내리지는 않을 것이라는 믿음이 있다.

탈성매매 여성들의 재기를 위해 제공되는 과정

2007년 센터를 개관한 뒤 W-ing에서는 여성들의 자활을 위해 처음 온 여성들을 학원에 보내는 등 여러 가지 시도를 했다. 하지만 결국 '자활'에 어떤 단계가 존재하는 건 아님을 깨달았다. 또 여성들의 자립에 있어 핵심 요소는 '집'과 '일' 두 가지라는 것을 알게 되었다.

그렇다면 어떤 유형의 일자리를 제공해야 할지 고민스러웠다. 첫 번째 유형은 쉼터나 사회복지시설에서 제공하는 프로그램화된 일자리였다. 두 번째 유형은 일반적인 노동시장과 같은 일자리였다. 결국 W-ing에서는 이 두 가지를 융합한, 복지와 노동 개념을 모두 담은 일자리를 만들자는 생각에 이르렀다. 이러한 취지에서 카페 '신길동 그 가게', 천연염색 작업장 'W-ing 1953', 오리엔탈 덮밥집 '오덮밥'을 운영하고 있다.

정부에서는 여성들을 위해 시간당 6,170원의 지원금을 제공하는데, 한 달에 150시간까지만 지원이 가능하다. 또한 지원금은 한 여성당 3년까지만 제공되기 때문에, 이곳에서 4년 일한 여성에게는 정부지원금이 아닌 가게 운영을 통해 얻은 수익으로 1년치 임금을 제공하고 있다.

W-ing의 취지는 탈성매매 여성들에게 일하는 즐거움을 느끼게 하는 것이기 때문에, 일반 기업과는 다른 면을 그들에게 보여주려 한다. 비록 일한 만큼 임금을 지급하지는 못하지만, 일하는 여성들을 소중히 여긴다는 인식을 심어주기 위해 명절 선물비, 휴가비 지급 등 복지 차원에서 다양한 노력을 한다. 이와 함께 인문학 교육 또한 시행하고 있다. 여성들 스스로 철학을 통해 나의 몸을, 정신을 어떻게 변화시킬 것인지를 고민하도록 하고, 이를 통한 일상에서의 변화를 도모해왔다.

W-ing에서 함께하는 이들 중 대부분은 정말 힘든 상황에 놓여 있다. 탈성매매 이후 편의점, 술집 등에서 일하거나 유사성매매업에 다시 종사하다가 결국 W-ing을 찾아온 이들이다. 하지만 W-ing에 온 모두가 이곳에 계속 정착하는 것은 아니다. W-ing에서 일하다 싸워서 나가기도 하고, 더 좋은 일자리를 알아보고 떠나는 여성들도 있다. 2014년의 경우는 80명 정도가 W-ing을 거쳐 갔다. W-ing에서는 다른 자활단체에서 운영하는 매장에 인력을 제공하기도 한다.

성매매 방지법에 대한 의견

성매매 방지법에 대한 비난은 제쳐두고, 성매매 현장에 있는 여성들의 인권 자체에 초점을 맞추고 싶다. 그들이 정당한 인권을 보장받으며, 성매매 현장을 떠나 더 이상 착취받지 않고 스스로 먹고 살 수 있는 힘을 가지기를 희망한다. 물론 성매매 방지법을 통해 성매매가 불법이라는 것을 성매매 여성들 스스로가 인식하게 되었지만, 탈성매매를 위한 자활센터는 협소하고, 무엇보다도 성매매를 하지 않고 살아갈 수 있는 대안이 딱히 존재하지 않는다. 이미 우리 사회에서는 여성이 상품화되었고, 직업, 노동, 평생직장과 같은 개념이 무너졌기 때문에 이 시점에 여성들이, 특히 탈성매매 여성들이 일할 수 있는 조건이 열악한 것이 현실이다.

W-ing이 사회에 바라는 방향

탈성매매 여성에 대한 국가적 차원의 지원 정책에 초점을 맞추어보자면, 탈성매매 여성들에 대한 지원금을 확대하기보다는 현재 W-ing이 운영하는 매장과 같은 곳을 운영할 수 있는 공간을 제공해주었으면 한다. 그렇게 된다면 더 많은 여성들이 그 공간에서 일할 수 있고, 그 돈이 여성들에게 분배되는 선순환이 이루어질 것이다. 요컨대 가장 중요한 것은 여성들에게 일할 수 있는 공간을 제공해주는 것이다.

또한 복지시설을 운영하는 인력에 관한 문제가 해결되어야 한다. W-ing은 자활센터인 만큼 사회복지사를 의무적으로 선발해야만 한다. 하지만 이러한 규정이 W-ing 운영에 있어서 걸림돌이 되는 경우가 있다. 사회복지사는 상담이 주된 업무인 데 반해, W-ing에서는 상담보다는 일상생활, 또는 일을 통한 치유를 목적으로 하기 때문에 서로의 가치가 충돌하는 경우가 있다. 따라서 무조건 사회복지사 몇 명을 채용해야 한다는 규정보다는, 전공에 상관없이 W-ing의 철학과 맞는 사람들이 와서 함께 일할 수 있는 여건을 마련해주는 편이 바람직하다고 생각한다.

끝으로, 사회복지 시스템이 탈성매매 여성들에게 연민과 온정, 자비의 방향으로 나아가는 것은 잘못된 방향이라 생각한다. 끊임없이 감싸는 것이 오히려 여성들의 자립을 막기 때문이다. W-ing에서는 끊임없는 잔소리와 단호한 가르침을 통해 여성들 스스로 일을 열심히 하도록 격려한다. 여기에서 함께 살아가는 삶을 배우고 노동의 희열을 경험했던 것이 사회에 나가서도 풍요로운 삶을 살 수 있도록 이끌어준다고 믿는다.

에필로그

성매매와 관련된 거대담론에 대해서는 어렴풋이 알고 있었지만, 일상에서는 접하기 힘든 탈성매매 여성들의 삶을 접할 수 있었다는 점에서 의미 있는 시간이었다. 특히 성매매 전적이 밝혀진 학생을 희롱한 교수의 이야기를 들었을 때는 분노로 온몸이 부들부들 떨리기까지 했을 정도로 어느새 그들에게 깊이 공감하고 있었다. 한편으로 탈성매매 여성들에 대한 사회적 편견을 형성하는 데 나 역시 일조하고 있지는 않았나, 내 주변에 이런 여성들이 있다고 가정했을 때 나는 어떻게 반응했을 것인가를 생각하며 나 자신을 돌아보는 시간을 가질 수 있었다.

더불어 직접 탈성매매 여성들과 부딪치며 기존의 복지 패러다임을 조금씩 수정해나가는 W-ing의 노력이 결코 헛된 것이 아니라는 것을 확신할 수 있었다. 비록 완전하지는 못하지만, 분명 그들의 시도와 작은 결실, 사소한 변화들은 탈성매매 여성들뿐 아니라 사회를 더 좋은 방향으로 이끌어가고 있을 것이다. 뻔하고 원론적인 이야기가 아니라, W-ing이라는 단체를 운영해나가며 느낀 바와 경험에 관한 이야기를 들을 수 있어서 더욱 가치 있는 시간이었다. 탈성매매 여성들을 가르치는 것이 아니라 함께 성장해가고 배워가는 것이라고 한 박정애 자활지원국장의 말이 여전히 마음에 맴돈다.

feedback from prof.

사회적 약자인 탈성매매 여성에 관심을 갖고 그들과 소통하고자 한 학생들의 문제의식과 시도 자체를 높이 평가한다. 결코 쉬운 시도가 아니라는 것을 인정한다.

다만 탈성매매 여성들을 직접 만나보고자 하는 시도가 선행되었더라면 더욱 설득력이 높지 않았을까 하는 아쉬움이 있다. 학생들이 선택한 소통 방법은 탈성매매 여성들의 사회 복귀와 자활을 지원하는 단체를 통해 우회적으로 탈성매매 여성을 둘러싼 문제점들을 짚어보는 방법이었다. 직접 접촉이 아니기에 자칫 이 보고서는 학생들의 본 의도와 달리 해당 기관을 홍보하는 목적으로 보일 수 있는 약점이 있다. 처음 인터뷰 과제를 접한 학생들에게 어려운 시도일 수 있으나, 기관을 통해서든 어떠한 경로를 통해서든 직접 탈성매매 여성과 소통했더라면 더 생생하고 신선한 결과물이 나오지 않았을까 하는 아쉬움이 든다. 물론 이러한 접근 자체가 대학생의 수준에서 쉬운 일은 아니라는 것을 알기에 과한 기대일지 모른다는 생각도 든다. 그럼에도 불구하고 학생들이 조금만 더 적극성을 보여 기관 관계자와 인터뷰를 마친 뒤에 기관에서 운영하는 카페 등을 찾아 탈성매매 여성들이 일하는 모습을 관찰하며 그들과 대면하려는 시도를 조금이라도 했더라면 하는 아쉬움이 과제물을 읽는 내내 사라지지 않았다.

이 점을 제외하고 소통 대상자와 만나 탈성매매 여성들의 탈업소 및 자활 과정, 그리고 그 과정에서의 고충 등을 충실히 살펴보고자 노력한 점은 훌륭했다. 최종보고서 역시 그 결과물을 비교적 일관성 있고 체계적으로 정리하고자 노력한 점이 엿보였다. 다양한 내용이 중구난방으로 제시되지 않고, 보고서를 읽고 난 뒤에 말하고자 하는 바가 하나의 메시지로 분명하게 드러나 학생들이 소통 프로젝트를 통해 느낀 바를 명확히 알 수 있었다.

타인이 바라보는 '나'와의 대화

'나'와의 소통

언론정보학과 신지연
자유전공학부 김유경

7

"'서울대 법대'라 하면 사람들이 최고라 하고 아주 좋다고 하고… 저는 꿈이 의대 아니면 법대에 가는 거였거든요. 그렇게 하면 다 해결될 거라고 믿었어요."

2014년 방영된 EBS의 6부작 다큐멘터리 '왜 우리는 대학에 가는가'에 출연한 서울대학교 법과대학 졸업생 김성령 씨가 한 말이다. 자기 스스로의 노력으로 진로에 대해서 고민할 새도 없이 주변에 등 떠밀려서 서울대 법대를 졸업했지만, 정작 자신이 무엇을 좋아하고 무엇을 하고 싶은지, 자신이 확고하게 지키는 가치관은 무엇인지 등에 대한 고민을 전혀 해결하지 못한 채 학교를 졸업했고, 결국 어디로 가야 할지 모르고 방황하는 취업준비생이 되었다고 했다.

김성령 씨의 문제는 자율적으로 생각하고, 고민하고, 결정하는 과정이 부족했다는 것이다. 다시 말해, 자아가 완전하게 형성되지 못했다는 것이다. 이처럼 자기 정체성과 자아에 대해서 깊이 고찰하지 못하는 것은 김성령 씨만의 문제가 아니다. 현대사회에 살아가는 대부분의 사람들은 자신의 정체성에 대해서 깊이 고찰할 새도 없이 경쟁에 휩쓸려서 대학 입시, 스펙 경쟁, 취업 전쟁과 같이 사회에서 주어지는 조건과 요구들에 순응하기만 하며 살아갈 뿐이다.

> 인정받기를 바란 나머지 '이런 사람이면 좋겠다'는 타인의 기대를 따라 살게 되지. 즉 진정한 자신을 버리고 타인의 인생을 살게 되는 거라네.
>
> (고가 후미타케 · 기시미 이치로, 『미움받을 용기』 중에서)

대부분의 현대인은 타인의 인정을 받고 싶어 한다. 다른 누군가와 소통을 하면서도 자신이 타인에게 어떻게 보일지를 생각하고, 자기 내부를 다지며 주체성을 확립하기보다 그럴듯해 보이는 자기 포장을 한다. 진정한 소통이 불가능한 현실인 것이다.

결국 진정한 커뮤니케이터가 되기 위해서는 다른 지식을 더 쌓고 배우는 것 이전에 '나'부터 제대로 알고 이해해서 자아를 확립해야 한다. 그래서 이번 소통 프로젝트를 통해 가장 가까이 있었음에도 불구하고 소통한 경험이 매우 적은 '나' 자신과 소통하며 자아를 발견하고, 내 안의 나만이 가지고 있는, 남들과 차별화된 알

맹이는 무엇인지를 확인할 것이다. 또한 이를 바탕으로 자아를 확립해가는 과정을 가지며 주체적인 커뮤니케이터로 향하는 발걸음을 내딛고자 한다.

소통을 준비하며

우리가 원하는 소통

우리는 심리학자 조지프 러프트(Joseph Luft)와 해리 잉엄(Harry Ingham)이 개발한 '조하리(Johari)의 창' 이론을 활용하여 나와의 소통을 시도해보고자 한다.

'조하리의 창'에 따르면 우리는 하나가 아닌 네 가지의 자아를 갖고 살아간다. 네 가지 자아는 다음과 같다.

❶ Public Self(Open Area)는 본인도 알고 있고 타인도 알고 있는 자아의 모습이다. 진정한 인간관계를 형성하기 위해서는 이 영역을 넓혀나가야 한다. 이 영역이 넓은 사람은 의사소통 능력이 뛰어나 개방적인 인간관계의 형성이 가능하다. 창이 투명해서 상대방과의 소통이 원활할 수밖에 없게 되기 때문이다.

❷ **Blind Spot(Blind Area)**은 본인은 모르지만 타인은 알고 있는 자아의 모습이다. 사람에게는 이상한 행동습관, 특이한 말버릇, 독특한 성격, 자신에 관하여 다른 사람이 느끼는 감정과 같이 '남들은 알고 있지만 자신은 모르는 자신의 모습'이 있는데 그것들이 바로 이 영역에 속한다고 할 수 있다. 이 영역이 넓은 사람은 자신의 기분이나 의견은 잘 표현하지만 다른 사람의 반응에는 무관심하거나 둔감하여 때로는 독단적이며 독선적인 면을 보인다. 따라서 타인이 보기에는 개선할 점이 많으나 자신은 그것을 깨닫지 못하는 사람일 가능성이 있다. 이와는 반대로 자존감이 낮아 자신의 좋은 점을 인식하지 못하고 있는 사람일 가능성 역시 있다. 이 영역은 타인으로부터 얼마나 피드백을 받느냐에 따라 작아질 수 있으며, 그를 위해서는 타인의 조언이나 생각을 진지하게 받아들이는 자세가 필요하다.

❸ **Private Self(Hidden Area)**는 본인은 알고 있지만 타인은 모르는 자아의 모습이다. 자신의 약점이나 비밀, 은밀한 욕망처럼 다른 사람에게 숨기는 자아의 부분을 뜻한다. 이 영역이 넓은 사람은 다른 사람의 이야기는 경청하지만 자신의 이야기는 잘 하지 않을 가능성이 높다. 자신의 속마음을 잘 드러내지 않으며 계산적이고 실리적인 경향이 짙다. 이러한 사람들은 신중하다고 할 수 있으며, 적응도 빠르지만 내면적으로 고독감을 느끼는 경우가 많다. 타인

이 그가 어떤 생각, 느낌을 갖고 있는지 알 수 없어 쉽게 접근해 오지 않기 때문이다. 이 영역이 넓어지는 것은 자신을 수용하지 못하는 데서 기인한다. 이에 따라 자기를 은폐하고 드러내지 않으려 하며 자기개방을 두려워하고 불안해한다. 이 영역을 축소시키기 위해서는 자신을 받아들이고 개방하는 태도가 필요하다.

❹ Unknown Area는 본인도 모르고 타인도 모르는 자아의 모습이다. 무의식의 정신세계처럼 본인에게 알려져 있지 않은 미지의 영역에 해당한다. 이 영역은 나머지 영역에 영향을 미칠 잠재성이 있는 영역이기도 하다. 자신에 대해 지속적인 관심과 통찰을 가진다면 이러한 영역을 발견할 수도 있다. 독서, 자신의 히스토리 작성, N문 N답, MBTI 테스트 등이 이 영역을 알아가는 데 도움이 될 것이라고 기대된다.

일상 속에서 타인과의 관계적인 측면에는 많은 신경을 쓰면서도 정작 자아에 대해서 돌아볼 기회는 많지 않다. 그래서 우리는 타인에게 비치는 자신의 모습을 타인과의 소통을 통해 알아가고, 그 모습들을 '조하리의 창'에 적용해서 자아에 대해 스스로가 얼마나 잘 알고 있는지를 확인하고자 한다.

구분	자신이 아는 부분 (Known to Self)	자신이 모르는 부분 (Unknown to Self)
타인에게 알려진 부분 (Known to Others)	Public Self (Open Area)	Blind Spot (Blind Area)
타인에게 알려지지 않은 부분 (Unknown to Others)	Private Self (Hidden Area)	Unknown Area

어떻게 소통할 것인가?

나를 알기 위해 만날 대상은 '나'에 대해 충분하고 깊게 이해하고 있는 사람이어야 한다. 이러한 사람은 나와의 관계가 투명하고, 개방적이고, 정직할수록 적합하다고 보았다. 선정 기준으로는 소통의 빈도 및 시간, 소통 내용의 깊이(안부나 가벼운 이야기들이 아니라 고민 따위를 나눈 적이 있는지) 등을 선정했다. 대상의 수가 너무 많은 경우 각 대상마다 다른 이야기가 많아져서 혼란을 야기할 가능성이 있으므로, 위의 조건에서 언급한 기준을 바탕으로 선정한 소수(최대 5명)가 적절하다고 판단하였다. '나를 알기 위한 소통'의 대상은 다음과 같다.

- 유경: 엄마, 아빠, 김지연(고등학교 친구), 이연호, 허윤선(대학교 친구)
- 지연: 엄마, 김하은(친구), 이예지(멘토)

이 외에도, 친하지는 않지만 아는 사이인 사람과 소통하며 나에 대해 피상적으로만 아는 다른 사람들의 눈에는 내가 어떤 사람으로 보이는지 파악하며 Private Self를 더 살필 수 있다. 이들에게 제시할 나에 대한 질문은 대략 다음과 같다.

- 첫인상과 이후 달라진 나에 대한 느낌
- 타인이 보는 나의 모습/성격
- 나의 장점과 단점
- 남들과 차별된 나만의 특징/특이점
- 말하고 싶었지만 그동안 말하지 못했던 이야기들

나도 타인도 모르는 Unknown Area를 분석하기 위해서는 나사렛대학교의 '생애설계와 직업진로' 수업에서 이루어진 백문백답 질문지를 얻어서 스스로에 대해 파악해가는 시간을 갖기로 한다.

소통 그 후

우리는 소통 이전에 각자가 생각하는 나만의 '조하리의 창'을 그려보았다.

PUBLIC SELF	BLIND SPOT
PRIVATE SELF	UNKNOWN AREA

김유경의 '조하리의 창'(예상)

PUBLIC SELF	BLIND SPOT
PRIVATE SELF	UNKNOWN AREA

신지연의 '조하리의 창'(예상)

이렇게 예상을 한 후 앞서 계획한 소통을 진행하였다.

나를 알기 위한 소통과정

2015년 5월 16일 집에서 아빠, 23일 공원에서 김지연(고등학교 친구), 24일 학교에서 이연호, 허윤선(대학교 친구), 26일 집에서 엄마를 인터뷰했다.

첫인상에 대해 물어본 결과 나의 첫인상은 대체적으로 외관만 봤을 때는 똑부러지고, 까다롭고, 예민하고, 조용하고, 여성스러운 느낌이었다고 한다. 하지만 더 알게 되니 예상과는 다르게 느슨하고 허술하며 털털한 성격의 사람이라고 했다. 또한 낯을 가리고 부끄러움이 많을 것 같았는데 정반대로 사교성이 좋고 장난기가 많은 사람이라고 했다.

모습과 성격에 대해 물어본 결과 나의 모습은 여성스럽고, 아담하고, 귀여운 이미지라는 의견이 대체적이었고, 성격은 활발하고 쾌활하다, 속이 깊고 배려심이 많으며 정이 많다, 자기만의 철칙이 뚜렷하다, 감정이 풍부하다, 솔직하다, 보수적이다, 눈치가 빠르다 하는 의견들이 있었다.

장점과 단점에 대해 물어본 결과 장점으로는 남의 이야기를 잘 들어준다, 자기 생각을 잘 표현하며 주관이 뚜렷하다, 항상 웃는 표정으로 주위 사람들을 편안하게 해준다, 공감을 잘 해준다, 처음 보는 사람에게도 친근하게 잘 대해준다, 솔직하고 시원시원하다, 책임감 있다, 계산적이지 않고 이기적으로 굴지 않는다, 불의를 보면 참지 못하는 정의로운 모습이 있다 하는 의견이 있었고, 단점으로는 고등학교 친구와 부모님에게 공통적으로 자기 주관이 너무 뚜렷하고 고집이 강해 타인의 의견과 조언을 고려하기보다는 자신의 판단에 따라 행동한다는 이야기를 들었다. 또한 아빠는 갈등이 생기면 해결하려는 노력을 보이기보다는 소통의 창을 닫아버리는 모습을 종종 보인다고 했고, 엄마는 귀찮아하고 움직이기 싫어하는 정도가 심한 것 같다고도 말해주었다.

타인과 차별화된 나만의 특징에 대해 물어본 결과 아빠에게는 돈을 알뜰하게 잘 쓰나 써야 할 때는 시원하게 쓰는 모습을 보면 합리적인 경제관념이 있는 것 같다는 얘기를 들었다. 엄마에게는 양면성이 있다는 이야기를 들었다. 정이 많고 배려심이 있으며 남에게 피해를 안 주려고 노력하지만 그만큼 본인이 피해받는 것도 극도로 싫어한다는 점, 성격이 둥글둥글하며 주변에 맞춰서 행동하는 것 같으나 자신의 생각대로 행동한다는 면도 있다는 점, 본인이 관심 있는 부문에는 엄청난 열정과 시간을 쏟지만 그렇지 않은 부문에는 극도의 귀찮음을 보인다는 점, 겉으로는 야무져 보이지만 실제로는 그렇지 않다는 점에서 양면성을 가지고 있다고 했다.

마지막으로 말하고 싶었지만 말하지 못했던 이야기들을 물어보자 고등학교 친구는 자신의 조언과 의견을 항상 구하지만 결국에는 본인이 하고 싶은 대로 한다는 점이 서운하고 짜증날 때가 있었다고 말해주었고, 독립심이 부족해 보인다고 말해주었다. 스스로 나는 내가 독립심이 매우 강한 사람이라고 생각했기에 친구가 그렇게 생각하게 된 이유를 물었는데, 단순한 오해에서 비롯된 것임을 알게 되어 친구가 잘못 알고 있는 내 모습을 수정해줄 수 있었다. 엄마는 남한테는 잘하는 것 같은데 가족에게는 소홀해진 것 같아서 서운하고, 밖에서 적극적인 만큼 가족 일에도 적극적이면 좋겠다고 말해주었다.

나 자신을 스스로 알아보기 위해 해본 백문백답을 진행하면서 알 수 있었던 것은 내가 나 스스로에 대해서 모르는 것이 생각보다 많다는 점, 내가 타인에게 보여주지 않은 또는 보여주고 싶어하지 않은 모습이 생각보다 많다는 점이었다.

내가 몰랐던 "나"

소통 전에는 스스로 나 자신을 잘 파악하고 있고 굉장히 개방적이고 솔직한 소통을 하고 있다고 생각했는데, 소통을 해보면서 느낀 점은 생각보다 내가 나 자신에 대해 모르는 점(Unknown Area 또는 Blind Spot)이 많으며 밝히고 싶어 하지 않는 면(Private Self)이 많다는 것이었다. 내가 생각했던 것과 전혀 다른 방식으로 나를 바라보는 사람이 있다는 것 역시 놀라웠다. 또한 소통하는 사람이 누구냐에 따라 자아의 모습이 많이 달라진다는 것을 소통을 하며 체감할 수 있었다. 어떤 사람들은 나를 굉장히 좋은 리스너(listener)로 평가하고 소통 능력을 높게 샀지만, 어떤 사람들은 내가 주관이 너무 뚜렷해 타인의 의견을 잘 받아들이지 못하며

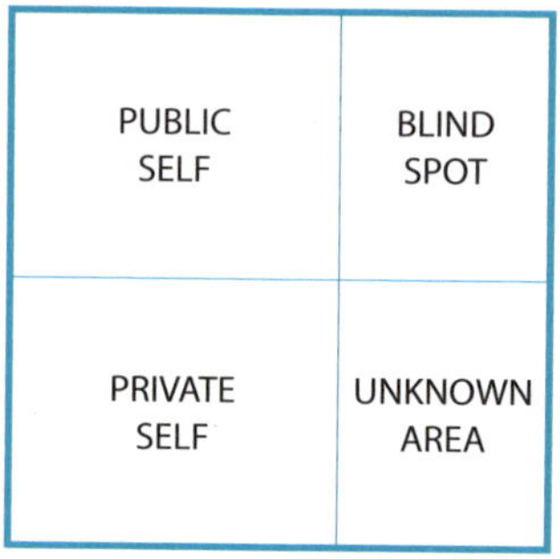

PUBLIC SELF	BLIND SPOT
PRIVATE SELF	UNKNOWN AREA

수정된 김유경의 '조하리의 창'

소통 의지를 보이지 않는다는 말을 했다. 소통을 통해 나 자신을 더 탐색하고 받아들이며 개방해야 할 필요성을 느꼈고, 내가 주체성보다 연결성을 강화해야 할 커뮤니케이터라는 것을 발견할 수 있었다. 다행히도 이번 소통 프로젝트를 통해 연결성을 강화할 수 있었던 것 같다.

소통 결과들을 바탕으로 나의 '조하리의 창'을 수정하였다. 소통 이전의 '조하리의 창'에서는 Public Self가 매우 넓은 영역을 차지했지만 소통 이후 수정된 '조하리의 창'에서는 Blind Spot과 Unknown Area의 영역이 전보다 더욱 넓어졌다. 예상보다 자기공개의 정도가 낮았으며 스스로에 대해 모르고 있는 정도가 높았다. 백문백답을 통해서 느낀 점은 내가 했던 생각, 가졌던 느낌, 특별했던 사건, 결심과 가치관을 자꾸 잊어버리지 않기 위해서는 백문백답과 같은 자기 점검의 시간을 자주 가져보는 것이 필요하다는 것이었다.

신지연

나를 알기 위한 소통과정

5월 16일에 치킨집에서 친구 김하은, 19일에 학원(인터뷰 대상 직장)에서 멘토 이예지 언니, 그리고 22일에 집에서 엄마를 인터뷰했다.

가족인 엄마를 제외하고 친구와 멘토에게 첫 인상에 대해 물어보았는데 차갑다, 완벽주의적이다 하는 의견이 공통적으로 나왔다. 하지만 둘 다 같이 지내보니 좀 더 인간적인 모습이 많이 보이고 마음이 많이 여리다는 것을 알게 되었다고 말했다. 예상 외로 허점을 보이는 때도 많고, 감성도 풍부하며, 사람을 좋아하고, 겉으로 잘 드러나지는 않아도 나중에 돌아보면 깊은 배려였다는 것을 알게 되어서 첫인상과 지금 바라보는 모습이 많이 달라졌다고 했다.

모습과 성격에 대해서는 많은 이야기들이 나왔다. 대체로 성격에 관한 대답들을 많이 해주었는데, 가장 많은 답변이 표현을 잘 안 하고 다소 무뚝뚝해 보이지만 속으로 생각이 굉장히 많고 고민도 스스로 떠안는 성격이어서 그런 것 같다는 것이었다. 그 외의 대답으로 부담스럽지 않을 정도로 반응을 잘 해줘서 말할 맛이 난다, 깊은 배려를 해준다, 자기도 모르는 속앓이를 많이 한다, 마음

속에 고민이 많은데 어떻게 표현하고 해결할지를 잘 모르는 것 같다, 똑똑해 보이지만 자기 자신에 대해서는 약하고 여린 것 같다는 의견들이 있었다.

그리고 장점과 단점에 대해서 물어보았는데, 먼저 장점에 대해서는 똑똑해서 일을 효율적으로 한다, 같이 있을 때 말을 많이 해줘서 불편하거나 어색하지 않다는 공통적인 의견들을 주었다. 단점은 마지막 질문인 그동안 하지 못했던 이야기들과도 연결이 되었는데, 각자 다른 이야기들을 해주었다. 친구는 단점에 대해 "사람에 따라 모습이 너무 달라져서 어떤 것이 진짜 너의 모습인지 모르겠다."라고 말하면서 "특히 사람을 완벽히 분석한 후 친해지는 나에게는 너랑 친해지는 일이 조금 꺼려지기도 했다."라고 했다. 그리고 멘토는 단점에 대해서 "자존감이 아직 건강하게 세워지지 않았고, 자신이 침해당하면 안 되는 부분을 건드릴 때 그것을 막는 방어기제가 많이 발달했다."라고 말했다. 그래서 "자존감이 낮아서 말을 하거나 사람을 대할 때 조심스럽다. 그동안 말을 못했지만 속으로만 안고 있는 걱정이 많은 것 같아서 앞으로 멘토링을 진행할 때도 1년에 걸쳐서 자존감을 높이는 멘토링을 진행하고자 계획하고 있다."라고 말했다. 마지막으로 엄마는 "원하는 것이 있어도 첫째라서 그런지 많이 양보하고 내색을 잘 안 해서 속으로만 끙끙 앓는 경우가 많아 대견스러우면서도 안쓰럽다."라고 말했다.

타인과 차별되는 나만의 특성에 대해서 물어보았을 때 이성과 감성이 균형 있게 발달했다, 상식·교양·지식 등이 풍부해서 세상 공부를 한 것 같다는 의견들을 내주었다. 평소에 음악, 영화, 미술 등을 고루 감상하고 일상에서 얻게 되는 지식들을 많이 이야기할 때가 많은데 그 모습들이 그런 인상을 주었던 것 같다.

그리고 스스로 해본 백문백답 결과 많이 나아진 줄 알았던 자존감이 여전히 낮다는 것을 알 수 있었다. 과거의 부정적인 경험들이 아직 현재의 나에게 영향을 미치고 있었고, 이로 인해 타인의 눈치를 많이 보고 처음 만난 사람에게 경계가 심해서 진짜 내 모습을 보여주지 못하고 있다는 것을 알았다.

내가 몰랐던 "나"

나는 몰랐는데 타인이 알고 있는 Blind Spot에 해당하는 내용들은 '부담스럽지 않을 정도로 반응을 잘 해준다'는 것과 '자존감이 낮다'는 것이었다. 이를 통해 대화를 할 때 상대를 편안하게 만들어서 더 많은 소통을 이끌어낸다는 장점을 발견하게 되었다. 또한 나의 약점으로 인해 타인이 조심스러워하는 부분들도 많다는 것을 깨닫게 되었다. 이렇게 타인과 소통하면서 그들의 눈에 비친 나의 모습을 파악하고 더 나은 커뮤니케이터가 되기 위해서 강화해야 할 부분과 보완해야 할 부분들을 알게 되었다.

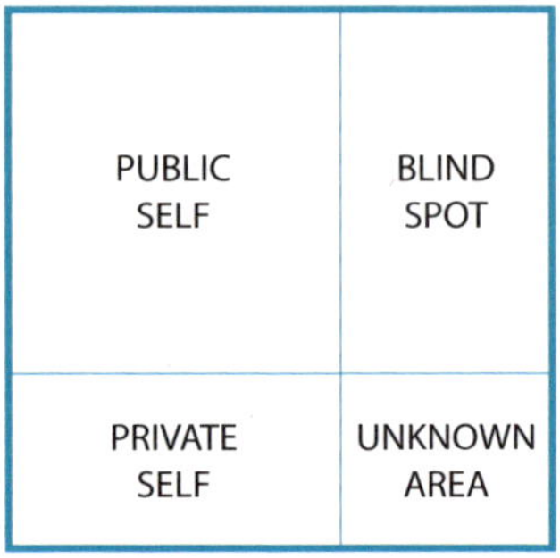

PUBLIC SELF	BLIND SPOT
PRIVATE SELF	UNKNOWN AREA

수정된 신지연의 '조하리의 창'

이러한 결과들을 바탕으로 '조하리의 창'을 수정하였다. 소통 이전의 예상 '조하리의 창'에서는 네 가지 영역이 비등비등했지만, 소통 이후 수정된 '조하리의 창'에서는 Public Self의 영역이 크게 늘었다.

에필로그

이번 소통을 통해 커뮤니케이터로서 자신의 강점과 약점을 파악할 수 있었으므로 당초의 목적을 어느 정도 달성했다고 볼 수 있다. 이를 통해 타인과의 관계 역시 변모시킬 수 있는 계기가 된 것 같다.

그럼에도 불구하고 이번 소통에 한계가 있었다. 주제가 '자아의 탐색'인 만큼 근본적이고 깊이 있는 소통이 요구되었지만, 사전에 준비한 몇 개의 질문들을 통해 자아를 깊이 탐색하기에는 많이 부족한 측면들이 있다. 또한 인터뷰 대상들이 갑작스런 질문에 당황하여 답변을 제대로 하지 못하는 등 인터뷰 과정에서도 어려움이 있었다. 덧붙여 Unknown Area를 파악하기에 백문백답은 적절한 방법이 아니었던 것 같다. 백문백답에서 도출한 모습이 진짜 내 자아의 모습인지 판단할 기준이 없기 때문에 결론이 옳은지 그른지를 확인할 수가 없었다.

한계를 파악하고 세운 대안을 잘 적용해서 장기 프로젝트로 이 소통을 다시 하게 된다면 그때는 한층 더 성숙해진 커뮤니케이터로 거듭날 수 있을 것이다.

feedback from prof.

발상이 신선했다. 두 학생은 반드시 타인을 만나야 한다는 소통에 대한 편견에서 벗어나, 20여 년간 살면서 진지하게 소통해보려고 시도조차 하지 않았던 '나', 즉 자아와의 소통을 기획했다. 내가 누군지, 무엇을 하고 싶은지에 대한 진지한 고민이나 명확한 답이 없이 취업 전쟁에만 매몰되고 있다는 청춘들의 자화상이 안타까웠다. 그들 각자가 이 두 학생이 시도한 것과 같은 나와의 소통을 수행한다면, 지금보다 더 주체적으로 본인의 미래를 설계해나갈 수 있지 않을까 하는 생각이 들어 두 학생의 자아 성찰이 더욱 의미 있게 다가왔다.

두 학생은 다양한 방법론을 고안하여 자신과 소통하고자 했다. 심리학 이론인 '조하리의 창'에 대입하여 학술적으로 내가 생각한 나의 모습과 다른 사람이 말하는 나의 모습을 비교해보았다. 이를 위해 나를 잘 아는 지인들에게 나에 대한 질문들을 던졌고, 기존에 있는 백문백답 설문지를 활용하여 나에 관해 더 알아보았다.

이러한 방법론적 구상은 재미있었고, 두 학생이 객관적으로 스스로를 들여다보기 위해 나름의 고민을 많이 했다는 생각이 들었다. 다만 이러한 기획과는 달리 결과물에 드러난 자신에 대한 고찰의 수준이 예상보다 깊지 않아 아쉬웠다. 학술적 이론과 여러 가지 방법론을 적용한 데 반해, 정작 결과물에서는 단순히 다른 사람들의 나에 대한 생각을 나열하는 데 그치고 있다는 느낌이 들었다.

글의 구성에서도 아쉬운 점이 있었다. 발상이 신선하고 흥미로운 만큼 글 역시 더 재기발랄하고 톡톡 튀게 서술했으면 좋았을 것 같았다. 아무런 체계 없이 소통을 통해 발견한 나에 대해 열거만 하다 보니 읽는 재미가 반감됐다. 쉬이 공감을 얻기 어려운 개인적인 주제일수록 글의 구성에 있어 읽는 이의 집중력과 흥미를 끌 수 있는 장치를 고안할 필요가 있다. 전반적으로 이 과제물은 타인과 만나 소통한 다른 학생들의 과제에 비해 물리적인 수고를 덜 들였던 만큼, 글의 구성이나 표현에 더 공을 들였다면 지금보다 훨씬 인상적인 결과가 나오지 않았을까 하는 아쉬움이 남는다.

3부

캠퍼스 내 소통

비자발적 '혼밥족'을 위한 밥친구

모바일 애플리케이션 '두리두밥' 개발자

8

고고미술사학과 최하은
고고미술사학과 최신영

식사를 하는 학생들로 붐비는 점심시간의 학교 식당. 그룹으로 모여 앉은 사람들 사이로 혼자 밥을 먹는 학생들도 어렵지 않게 찾을 수 있다. 최근 이렇게 혼자 밥을 먹는 학생들의 숫자가 증가하고 있다. 이들을 가리키는 '혼밥족(혼자 밥 먹는 사람들)'이라는 신조어도 생겨났고, 대학가의 1인 식당도 늘어나고 있다. 빠른 시간에 식사를 마치고 자신의 할 일을 할 수 있다는 장점과, 매 끼니마다 같이 밥 먹을 사람을 찾는 것에 어려움을 느끼는 것 때문에 '혼밥'을 선호하는 학생들이 늘고 있다고 한다. 실제 우리도 고학년이 되어 혼자 듣는 수업이 많아지면서 혼밥을 종종 해본 경험이 있다. 밥을 혼자 먹는 행위가 부끄러운 것이 아님을 알면서도, 사람들에게 같이 먹을 친구가 없어서 혼자 먹는 것으로 비칠까 봐 구석에서 빠르게 식사를 마치곤 했다.

그런데 얼마 전, 모바일 애플리케이션(이하 '앱')을 이용해 서울

대학교 학생 중 함께 밥 먹을 사람을 찾을 수 있는 서비스가 학내 인터넷 커뮤니티 사이트 '스누라이프'에서 소개되어 주목을 끌었다. 전날 저녁부터 당일 약속 시간 30분 전까지 점심, 저녁 여부와 장소를 정해 신청하면 무작위로 짝을 맺어주는 방식이다. '두리두밥'이라는 이 앱을 만든 사람은 컴퓨터공학부 4학년에 재학 중인 이현재 학우로, 스스로 혼밥 생활을 하면서 느낀 소외감과 우울한 감정을 주변 친구들과 나누는 과정에서 꽤나 많은 학생들이 혼밥을 벗어나고 싶어 한다는 사실을 깨닫고, 공감대를 가진 학우들과 팀을 결성해 본 서비스를 제작하게 되었다고 스누라이프 소개 글에서 밝혔다.

'두리두밥'은 출시 1주일 만에 가입자가 300명을 넘어서며 여러 언론에서 소개되기도 했다. 그러나 '두리두밥'에 대한 학생들의 우려와 필요성에 대한 의문 또한 스누라이프 댓글이나 교내 학우들의 대화 속에서 어렵지 않게 발견할 수 있었다. 함께 먹는 것을 더 좋은 것으로 인식하게 함으로써 자발적으로 혼밥을 하는 학생들을 마치 사회성이 결여되거나 지나치게 개인주의적인 성향을 지닌 것으로 낙인찍는 것이 아니냐는 감정적인 비난도 있었고, 성비를 고려해 모임이 구성되는 방식 때문에 이성과의 만남을 목적으로 하는 이용자들이 대부분일 것이라는 우려도 있었다. 논쟁이 치열해지자 이현재 학우가 직접 나서 실명을 밝히고 서비스의 의도를 다시 설명하는 해명 글을 올리기도 했지만, 그들에게 명쾌한 답을 주지는 못했다.

이에 우리는 '두리두밥' 개발자 이현재 학우를 만나 직접 질문을 하고 답을 들어보려고 한다. 더 나아가 '혼밥'과 '밥터디(각자 공부하다 함께 밥먹는 모임)', '두리두밥' 등의 새로운 '밥 문화'를 탄생시킨 2015년 대학생들이 처한 사회적 현실과 상황에 대해 어떤 관점으로 접근하고 있는지도 알아볼 것이다. 또 소셜 미디어·서비스가 현재 우리 세대의 관계 형성과 소통의 채널로 기능하는 것에 대한 그의 견해도 듣고 싶다.

소통을 준비하며

우리가 원하는 소통

앱 '두리두밥'은 현시대 대학생들의 인간관계와 소통에 대한 고민과 혼란 속에서 만들어진 산물이다. 개발자들은 이러한 앱을 만들기 위해 사회현상에서부터 앱의 구상까지, 누구보다 처절한 고민을 했을 것으로 보인다. 이러한 상황 속에서 그들의 해결책인 '두리두밥'이 어떤 의의를 갖는지를 함께 고민해보고자 한다. 더 나아가 앞으로의 미디어가 나아가야 할 방향에 대하여 생각할 수 있는 기회가 될 것이라 기대한다.

어떻게 소통할 것인가

우리는 앱 '두리두밥' 개발자인 이현재 학우에게 페이스북 메시지를 보내 인터뷰를 요청했다. 이현재 학우는 흔쾌히 수락하였고, 카카오톡 메신저를 통해 구체적인 인터뷰 일정을 잡을 수 있었다. 이현재 학우와의 인터뷰는 2015년 5월 11일 저녁 시간대에 진행될 예정이다.

우리는 그를 만나 '두리두밥'을 만들게 된 동기와 제작과정에서의 어려움, 출시 후의 실제 반응이 예상했던 것과 같은지, 해당 서비스를 앞으로 어떻게 발전시킬 계획인지 등에 대해 물을 것이다. 다음으로 현재 혼자 밥을 먹는 대학생들의 현실, 그 안에서 형성되는 인간관계와 소통 방식·내용에 대한 이야기를 나눠볼 것이다. 마지막으로 그의 소통 방식에 대해서도 이야기를 나눠보고자 한다. '두리두밥'을 통한 그의 소통이 학내 구성원들의 오해를 일으킨 요인이 무엇이었는지, 그리고 이후 '스누라이프'에서 댓글 및 해명 글을 통해 그가 학내 구성원들과 소통한 과정은 어떠했는지에 대해 이야기를 나눌 것이다. 또 '두리두밥' 이용자들과는 어떤 방식으로 소통을 하고 있는지 등 이현재 학우의 다양한 소통과정들을 하나씩 짚어보고자 한다.

소통 그 후

5월 11일 월요일 점심시간, 학생들로 붐비는 학생회관 카페에서 인터뷰를 진행했다. 깊은 이야기를 나누기에 앞서 앱 '두리두밥' 서비스에 대한 질문으로 편안하게 시작했다.

'두리두밥'을 만들게 된 계기가 있으신가요?

4학년이 되고 독강이 많다 보니 주로 혼자 밥을 많이 먹어요. 혼자 밥을 먹으며 주변을 보면 혼자 먹는 사람들을 많이 발견할 수 있더라고요. 누군가와 같이 먹고 싶은데 여러 가지 이유로 혼자 먹는 사람도 많아요. 혼자 밥 먹는 게 싫어서 끼니 거르는 여자분들도 있으시다고 들었습니다. 그래서 함께 밥을 먹게 만들어주는 서비스에 대한 수요가 충분히 있다고 생각해서 개발을 결심하게 됐어요. 저의 제안에 공감하고 또 함께할 뜻을 가져준 과 친구들과 함께 '팀 두밥'을 꾸려 '두리두밥' 앱을 개발하게 되었습니다.

'두리두밥' 제작과정이 궁금합니다. 개발하면서 가장 고민했던 부분이 있다면?

사실 플랫폼 개발 자체에는 긴 시간이 걸리지 않았어요. 한 2주 정도? 대신 시간을 많이 투자해 오랫동안 고민한 부분이 '어떻게 이용자 상호 간에 신뢰를 만들 수 있을까?' 하는 부분이었어요. 인터넷이나 모바일 애플리케이션의 가장 큰 특징은 '익명성'이잖아요. 그러다 보니 이용자 간에 신뢰가 쌓이기 힘들어요. 익명성의 한계라 할 수 있죠.

익명성으로 인해 부작용이 발생한 사례에 대해 설명해주시겠어요?

최근 언론에서 자주 다뤄지는 소셜데이팅 소개팅 앱을 보면 익명성을 전제하면서도 최대한 상호 간 신뢰를 만들어주기 위해 다양한 정보를 수집해요. 출신 학교, 직장, 사진 등등. 그렇지만 저희 팀은 온라인에서 그 어떤 것을 수집한다고 하더라도 개인이 충분히 마음만 먹으면 포장을 할 수가 있다고 생각했습니다. 그렇기 때문에 이성 간의 가벼운 만남으로만 흘러가거나, 여러 범죄로 악용되는 부작용이 나타나는 것이 아닐까요?

그래서 어떤 방법으로 '신뢰성' 문제를 해결하셨나요?

저희 팀이 선택한 방법은 어느 정도 폐쇄된 집단 내부에서 다리를 놓아주는 역할을 하는 것이에요. 실제 오프라인으로 이어진 만남에서 무례하게 행동했을 때, 자신의 사회적 평판에 악영향을 주는 집단이라면 서로 예의를 지켜 행동하게 될 테니까요. 서울대 구성원 인증을 거쳐야 가입할 수 있다면 무례한 이용자를 걸러낼 수 있을 거라 생각했습니다.

> '두리두밥' 서비스 자체에 대한 이야기를 어느 정도 나눈 후, 혼밥 문화 및 소셜 서비스와 관련된 2030세대의 소통 문제로 자연스럽게 넘어갔다.

'두리두밥'이 보완하고자 하는 혼밥이 최근 2030세대에서 특히 두드러지는 현상으로 지적되고 있는데, 혼밥 문화에 대한 본인의 생각은 무엇인가요?

혼밥에는 여러 요인이 작용한다고 생각해요. 1인 가구의 증가가 대표적이겠죠? 개인적으로 혼밥을 부정적으로 생각하진 않아요. 그렇지만 여러 사람이 함께 밥을 먹는 것이 사회적으로 봤을 때

플러스 요인으로 작용할 것 같아요. 일본의 예를 들면, 일명 '히키코모리'로 혼자 생활하는 젊은 사람들이 늘어나고 있는데, 히키코모리 자신들은 불편해하지 않고 살아간다고 하지만 과연 사회적 관점에서 봤을 때 바람직한지 의문이에요. 사람과 사람 간의 대화와 소통이 그만큼 단절되는 것 같습니다.

일본의 히키코모리는 일종의 자발적 혼밥족으로 볼 수 있는데, 우리나라의 2-30대 혼밥족도 자발적으로 혼자 먹는 걸까요?

자발적으로 혼자 밥을 먹는 사람도 있는 반면, 누군가와 같이 먹고 싶은데 그러지 못하는 비자발적 혼밥족도 동시에 늘어나고 있다고 생각해요. 그래서 '두리두밥' 서비스로 그런 사람들이 함께 밥을 먹게 해주고 싶었어요.

그렇다면 '두리두밥'을 일종의 소셜 다이닝 서비스라 보면 될까요?

앱을 통해 식사 기회를 만들어준다는 점에서는 같지만, 엄밀히 따져보면 분명히 다른 서비스에요. 서비스를 개발하면서 실제로 소셜 다이닝 앱에 가입해 직접 모임에 나가보기도 하고, 가장 대표적인 소셜 다이닝 서비스인 '집밥'의 대표님도 만나봤어요. 소셜 다이닝에는 분명한 '주최자'의 개념이 있습니다. 그 사람이 모임을 주도하고, 진행하죠. 그래서 참여자 입장에서는 부담이 덜해요. 저희 '두리두밥'에는 주최자의 개념이 없어요. 저희 팀은 그랬을 때,

비자발적 '혼밥족'을 위한 밥친구

참여자 개개인이 더 적극적으로 나서서 대화하고 소통할 수 있을 것이라 생각했는데 많은 분들이 어색해하고, 오히려 부담을 느끼시더라고요. 오프라인 모임에서 하나의 구심점이 되는 사람이 없으면 사람들이 부담감을 느낀다는 걸 서비스를 출시한 후에야 깨달았죠.

온라인에서의 만남이 확산이 되면 오히려 오프라인 안의 직접적인 소통이 약화될 수 있습니다. 오프라인에서와 같이 진정한 인간관계가 가능할 것이라고 보시나요?

제가 경험하기로 초창기 채팅의 경우에는 온라인에서 끝난 경우가 많았습니다. 사회와 동떨어진 사람들이 한다는 느낌이 강했고요. 그러나 최근의 소셜 다이닝 서비스는 약속을 잡아주는, 중개 역할에 그칩니다. 현실로 이어지는 모임이 더 중심이 되지요. 이렇게 오프라인 모임이 생긴 후에는 기존의 동아리, 동호회 등의 모임과 다를 게 없다고 생각해요. 오히려 오프라인에서 모임을 찾고 신청하는 번거로운 과정을 간략하게 만들어주고, 필요한 비용을 줄여주는 역할을 온라인 서비스가 수행할 수 있다고 봅니다. 물론 신뢰의 문제는 아직 해결되지 않았어요. 검증되지 않은 사람이 쉽게 나올 수 있다는 것이 가장 큰 문제죠.

'두리두밥'이나 소셜 다이닝과 같은 서비스가 젊은 세대들의 소통에 어떤 영향

을 미칠 수 있을 거라고 생각하시나요?

지금까지는 이러한 앱들이 진정한 소통을 확산하는 데 제대로 된 역할을 하지는 못했어요. 하지만 추후에 '신뢰성'을 뒷받침하는 장치가 마련된, 잘 준비된 서비스가 한번 제대로 '붐'을 일으키면 그때부터 양상이 달라질 수 있을 것 같습니다.

> 마지막으로 '두리두밥'을 소개하고 서비스를 실시하면서 이루어진 학우들과의 소통과정, 그 안에서의 문제점과 해결 방법에 대해 이야기를 나누어 보았다.

처음 학내 인터넷 커뮤니티인 '스누라이프'에 '두리두밥' 서비스를 소개했을 때 우려 섞인 댓글들이 굉장히 많았는데?

언론에서 혼밥을 대학생들의 개인주의나 경쟁 과열과 연결시켜 굉장히 부정적으로 접근하는 경우가 많은데, 저희 팀도 비슷한 시각을 갖고 접근했던 것 같아요. 부정적으로 보시는 분들이 어느 정도 있을 거라고 예상은 했지만 이렇게 불쾌해하실 줄은 몰랐어요. 이 문제를 그대로 안고 갈지, 아니면 대폭 수정할지 많이 고민했는데 초반 서비스 홍보과정에서 여론이 중요하기 때문에 후자를 선택했습니다. 우선 전반적인 혼밥에 대한 접근방식이나 앱의 디자인 및 컨셉 등을 대폭 수정하게 됐어요. 그래서 예정보다 출시 시기도 늦어지고, 처음 보는 사람과도 흔쾌히 밥을 먹을 수 있는 사람들을 타겟팅했던 포스터나 현수막도 다 폐기했습니다.

스누라이프에 앱에 대한 해명 글을 본인의 이름을 걸고 쓰셨습니다. 스스로 이런 글을 솔직하게 썼을 때 그 소통과정이 성공적이었다고 보시나요?

'어떻게 그런 의도가 아니었음을 밝힐 수가 있을까?' 고민했어요. 처음엔 팀 이름 걸고 사과 글을 써보았는데 스스로 읽어보아도 진정성이 와 닿지 않더라고요. 실명을 밝히지 않으면 나도 안 보이고 너도 안 보이기 때문에 읽는 사람이 가볍게 생각하고, 비난하기 쉬워질 것 같았어요. 제가 실명을 걸고 글을 쓸 수 있었던 것은 '스누라이프'가 학내 인터넷 커뮤니티였기 때문이에요. 실제로 같은 학교를 다니고 있는 사람이 실명을 밝히고 썼을 때 주는 임팩트가 클 거라고 생각했어요. 그래서 1인칭 시점에서 기획 의도부터 비판에 대한 해명 및 대응까지 실명으로 쓰게 되었죠. 반응은 좋았던 것 같아요.

'두리두밥'의 이용자들과 직접 소통하시고 결과를 앱에 반영한 적이 있으신가요?

저희 팀이 시간 날 때마다 '두리두밥' 모임에 나가기도 했어요. 또 앱을 통해 식사모임이 만들어진 경우, 직접 제 번호로 신청자에게 안내 문자를 보냈어요. 그래서 제 번호로 (사용자로부터) 후기나 건의 문자를 받게 되죠. 페이스북 페이지 등으로도 피드백을 받아요. 또 스누라이프와 페이스북 페이지에 요리 관련 포스팅을 올려서

지속적으로 학우들과 소통하고 홍보하려고 노력 중입니다.

이용자들에게서 들어온 의견이나 건의사항은 어떤 것들이 있었나요?

시간과 장소가 제한적이라거나 나이대와 성별을 고려해달라는 등 다양한 의견들이 있었어요. 그런데 대부분의 의견 서비스를 기획하면서 저희가 이미 생각했던 문제들이었어요. 서비스가 복잡해지고, 선택지가 다양해질수록 사용자의 만족도는 높아질지 모르지만 서비스 자체는 혼잡해져요. 피드백은 감사하지만 현재 저희 서비스가 피드백을 받아들이기에는 무리가 있습니다.

앞으로의 계획은 어떻게 되는지 여쭙고 싶어요.

우선 '두리두밥'은 서비스 특성상 사용자가 이용했다고 당당하게 말할 수 있는 서비스가 아니기 때문에 입소문을 타기 힘들어요. 그래서 적극적인 홍보가 더욱 필요해요. 그런데 저희 팀 대부분이 4학년이어서 시간적 여유가 없어 서비스에 신경을 못 쓰고 있어요. 그렇다 보니 점점 가입자, 신청자가 줄어드는 추세예요. 수요가 부족해서라기보다 홍보가 부족해서라고 생각합니다. 서비스를 제공하는 일이 학업과 병행되기는 어려워요. 제대로 서비스를 제공하고 홍보하려면 다 같이 휴학하고 진행하든가 투자업체에게 투자를 받든가 해야 하는데, 이번 학기가 끝날 때까지는 우선 지켜보려고 해요.

에필로그

소통 프로젝트 기획과정에서는 이현재 학우가 자신이 만든 앱을 소개하는 데만 집중하지 않을까 우려했었다. 하지만 편안한 분위기 속에서 '소통'이라는 본래의 주제에서 벗어나지 않고 순조롭게 질의응답이 진행되었다.

무엇보다 인터뷰 대상과 '소통'이라는 공통적인 관심사를 갖고 있다는 점이 큰 도움이 되었다. 이현재 학우의 전공이 컴퓨터공학임에도 '소통과 신뢰성'에 대한 뚜렷한 의견을 갖고 있어 인상 깊었다. 현대 사회의 소통에서 그 무엇보다 신뢰성이 우선 확보되어야 한다는 그의 생각은 그가 소통 문제에 대해 나름의 고민을 했다는 것을 방증한다. 또한 인터뷰 전 사전 질문지를 미리 전달한 점도 원활한 소통에 도움이 되었다.

다만 인터뷰를 진행한 경험이 부족해, 유연하게 질문을 하지 못한 점이 아쉬움으로 남는다. 예를 들어 이현재 학생은 '두리두밥'의 모임에 다른 소셜 다이닝 서비스처럼 주최자가 있지는 않다는 점을 서비스의 오점이라고 생각하였다. 여기서 우리는 더 심층적인 질문을 통해 그것을 어떻게 해결할 것인지 물어볼 수 있었다. 하지만 당시 우리는 사전에 계획한 질문지의 순서에 따라 다음 주제의 질문으로 넘어갔다. 소통에 대한 보다 심층적인 논의가 가능한 상황이었으나 융통성을 발휘하지 못한 것이다. 앞으로 유사한 프로젝트가 있을 경우 준비해간 질문에 얽매이지 않고 유연성을 발휘해 보다 깊이 있는 논의가 가능하도록 노력할 것이다.

feedback from prof.

혼자 밥을 먹는 것을 뜻하는 '혼밥' 문화는 대학가뿐 아니라 젊은이들을 중심으로 전 사회적인 트렌드로 자리 잡고 있다. 이 중에는 스스로 혼자 밥을 먹는 것을 선택한 이들도 있겠지만, 그러한 분위기 때문에 혹은 같이 밥 먹을 사람이 없어 비자발적으로 혼자 밥을 먹는 이들도 있을 것이다. 후자와 같은 캠퍼스 내 비자발적 혼밥족을 겨냥하여 함께 밥 먹을 사람을 매칭해 주는 모바일 애플리케이션(앱)을 만든 학생 개발자들이 있다는 것은 상당히 환영할 만한 일이다. 그리고 그 개발자를 만나 해당 앱을 둘러싼 혼밥 현상과 학내 논란을 고찰하고자 한 학생들의 접근도 시의성 측면에서 눈에 띄었다.

앱 개발자를 만나 소통을 시도하는 과정에서도 그 질문의 내용들이 앱 자체에 초점을 맞춰 가볍게 진행되기보다는 '소통'과 '신뢰'라는 굵직한 키워드를 통해 비교적 일관되면서 충실하게 진행되었다. 질문의 개수가 양적으로 비교적 많은데도 불구하고 꼭 필요한 질문들만 짚고 넘어갔다는 느낌이 들어 두 학생이 소통에 앞서 사전계획을 철저히 수립했다는 것을 알 수 있었다.

인터뷰가 질문별로 더 심도 있게 진행되지 못한 점은 아쉽다. 그러나

이 점을 학생들 스스로도 에필로그를 통해 자신들의 약점으로 지적하고 있어 인상적이었다. 소통 과정 및 결과물에 대한 객관적이고 냉정한 반성이 돋보였다. 스스로 그러한 한계를 느낀 만큼 향후 이와 비슷한 과제를 진행할 때, 혹은 실제 일상에서 누군가와 낯선 소통을 수행할 때 보다 훌륭하게 소통을 실천할 수 있으리라 믿는다.

‘전설’은 소통에 능한 자다

동아리 속 ‘전설’ 선배

작곡과 김석영
자유전공학부 송예지

9

어느 집단에나 전설적인 인물은 존재하고, 누구나 한 번쯤은 그런 전설적인 인물이 되어보기를 꿈꾼다. 그렇다면 대학생들에게 '전설'이 누구냐고 묻는다면 과연 어떤 사람을 꼽을까? 또한 그들은 어떤 집단에서 인정받는 전설이 되고 싶을까? 아마 그들은 대학생활에서 가장 많은 시간을 쏟는 집단에 속하는 '동아리'에서 전설을 찾을 것이며, 공통의 관심 분야를 공유하는 구성원들 사이에서 인정받는 전설이 되고 싶은 욕구를 가지고 있을 것이다. 예컨대 동아리의 전설적인 인물로 꼽히는 선배가 활동에 참여라도 하는 날이면, 동아리의 단체 채팅방에 '오늘 ○○○ 선배님 오십니다. 많이 참여해주세요.'라는 공지가 올라오는 것을 흔히 볼 수 있다.

그러나 대부분 전설을 꿈꾸면서도, 전설과 소통하려는 시도를 해본 사람은 많지 않을 것이다. 우리 역시 전설적인 인물을 동경하기에 직접 대화를 하고 싶었으나, 스스로 전설적인 인물을 신격

화함으로써 그들에게 소통을 시도하는 용기가 좌절되었던 경험이 있었다. 따라서 우리는 그동안 가까이 있었고, 전설적인 인물이라 생각했음에도 불구하고 용기를 내지 못해 깊은 소통을 시도해보지 못했던 두 명의 전설, 서울대 탁구부 졸업생 하유진 씨와 댄스 동아리 H.I.S.의 졸업생 허경록 씨를 만나보고자 한다.

소통을 준비하며

우리가 원하는 소통

우리는 이번 기회를 통해 전설이라는 인물을 중심에 둔 개인적이고 긴밀한 소통을 시도해보고자 한다. 탁구부 하유진 씨는 2010~2014년 전국대학동호인연맹 탁구대회에서 여자부 신입생부, 여자부 단식, 복식, 단체전 모두에서 우승을 차지했다. 서울대 탁구부가 현재 보유한 30여 개의 트로피 중 절반은 하유진 씨의 것으로, 탁구부를 통틀어 이 기록을 깬 사람이 없다. 댄스 동아리 H.I.S.의 허경록 씨는 2013년, 국내 최대 규모의 대학교 준프로 퍼포먼스 배틀이라고 할 수 있는 'Are you ready'에서 준우승을 거두었고, 유명한 준프로 팝핀 크루인 '스테디업' 소속으로 활발하게 활동 중이다. 또한 H.I.S.의 안무 중 절반 이상이 그의 손을 거쳐서 나왔다고 해도 무리가 없을 정도로 동아리의 중요한 주축으로 활동하고 있다.

이들과의 소통을 통해 그들이 전설로 기억될 수 있었던 이유를 알아보고, 이를 통해 그들과의 심리적인 거리를 좁히는 것이 이번 소통의 궁극적인 목표다. 또한 두 전설들만의 공통적인 요소를 찾는다면, 동아리의 전설을 꿈꾸는 우리의 자아실현에도 도움이 되는 하나의 팁을 얻게 될 것이다.

어떻게 소통할 것인가

심층 인터뷰와 참여관찰법을 활용하고자 한다. 심층 인터뷰는 다음과 같이 진행될 예정이다. 탁구부 하유진 씨는 2015년 5월 22일 금요일 탁구부 정기훈련이 끝난 시간인 오후 9시 서울대 체육관 탁구장에서, H.I.S. 허경록 씨는 5월 9일 토요일 7시 H.I.S. 연습실에서 면대면 인터뷰를 실시한다. 예상 소요시간은 30분이다. 이와 함께 후배들과 소통하는 모습을 살펴보기 위해 하유진 씨는 5월 22일 정기훈련 시간(오후 7~9시)에 탁구 훈련하는 모습을, 허경록 씨는 5월 9일 정기연습 시간(오후 2-6시)에 춤 연습을 하는 모습을 참여관찰할 예정이다. 우리는 "어떻게 하면 잘할 수 있느냐?"라는 질문에 "열심히 하면 된다."라는 애매하고 형식적인 답변이 돌아오는 경우를 피하고 싶다. 그러므로 구체적으로 어떻게 연습·훈련하는지, 태도와 눈빛은 어떻게 다른지 등 객관적 관찰과 주관적 감정을 모두 노트에 자세하게 기록하고 관찰해보고자 한다. 이를 통해 후배들과의 소통이 어떻게 이루어지는지, 그들만의 노하우는 무엇인지 등을 살펴볼 수 있을 것이다.

소통 그 후

서울대 탁구부의 전설 하유진

서울대 탁구부 최초의 여자 주장이었던 하유진 씨는 2014년도 서울대학교 총장배 탁구대회 여자부 단식 1위, 2013/2014년도 전국대학동호인연맹 탁구대회 여자부 복식과 단체전에서 2년 연속 1위를 기록하는 등 뛰어난 탁구 실력을 가지고 있다. 그가 주장을 맡았던 2012년은 서울대 탁구부가 전국대학동호인연맹 탁구대회에서 종합 1위를 차지해 전성기를 맞았던 해로, 지금까지도 그는 탁구부 후배 부원들 사이에서 공연히 전설적인 존재로 회자되고 있다.

2015년 5월 17일 일요일 오전 11시, 강남역 부근의 한 일식집에서 서울대 탁구부의 '전설' 하유진 씨를 만났다. 원래 계획대로라면 5월 22일 금요일 오후 7시부터 시작되는 탁구부의 정기훈련

에 참여해 후배들과 소통하는 그의 모습을 참여관찰한 후, 훈련 종료 시간인 오후 10시부터 서울대 체육관 탁구장에서 인터뷰를 진행했어야 했다. 하지만 현재 회사원인 하유진 씨의 해외 출장 일정으로 인해 인터뷰 날짜와 장소를 처음 계획과 달리 변경해야 했다.

그와 단둘이 깊은 소통을 할 수 있다는 희망을 갖고 첫 질문을 건넸다. 탁구를 시작하게 된 계기에 대해 묻자 그는 멋쩍은 웃음을 지으며, "막상 진지한 이야기를 하려니 민망하네요. 질문을 이메일로 보내주고, 제가 답변을 적어 보내면 안 될까요?"라고 말했다. 그런 그의 부탁을 거절할 수 없었고, 결국 5월 28일 이메일을 통해 하유진 씨의 답을 받았다.

"솔직하게 말하자면, '전설' 정도는 아니어도 인상 깊은 주장이었다고는 자부할 수 있습니다."

탁구에 빠져 살다

대학에 입학하며 고향을 떠나 서울 남도학숙에 살게 된 그는, 기숙사에서 탁구 동아리를 하고 있는 고향 언니를 따라가 우연히 탁구 라켓을 처음 잡게 되었다고 한다. 일주일 중 3~4일은 탁구만 치며 온전히 탁구에 빠져 살았다고 했다.

"첫날 공을 맞히는 느낌이 좋아서 계속하게 되었고, 잘 칠수록 더 재밌어져 계속 탁구를 치게 됐어요. 기숙사를 나오며 계속해서 탁구를 치고자 탁구부에 가입하게 되었고, 전문적으로 배우기 위해 탁구장을 약 1년 정도 다니며 레슨을 받았어요."

탁구는 거울이다

그는 "대학생활 대부분을 탁구와 함께 했고, 탁구에서 '끝장'을 봤기 때문에 다른 일 또한 못할 게 없는 것처럼 느껴진다."라고 했다. 그런 그에게 탁구란 어떤 존재일까?

"탁구는 거울입니다. 그 이유는 첫째, 탁구는 들인 노력만큼의 답을 주는 정직한 운동이기 때문이고, 둘째, 탁구를 통해 나에 대해 이해할 수 있기 때문입니다. 보통 탁구를 치는 모습은 그 사람의 성격을 반영하고 있습니다. 탁구를 통해 제가 생각 외로 급한 사람이라는 것을 깨달았습니다."

갈등엔 대화가 정답

한 동아리를 이끌어나가는 위치에 있는 사람이라면, 특히 운동부 주장이라면, 구성원들과의 갈등은 불가피하다. 그에게 동아리 내 갈등 발생 시의 해결 방안을 물었다.

"진부한 대답이겠지만, '대화'가 정답이라고 생각합니다. 사소한 문제에 오해가 쌓이면 걷잡을 수 없어지기 때문입니다. 크고 작은 대회를 준비하면서 의견 차이로 인한 갈등이 몇 번 있었는데, 그때마다 회의를 열어 편하게 자기의 얘기를 할 수 있는 자리를 만들었고, 오랜 선배에게 물어보며 지혜를 구했습니다."

튀는 행동을 하는 구성원으로부터 오는 동아리 내 의견 충돌에 대해서는 "내 위치에 따라 달랐던 것 같다."라고 답했다. 주장을 맡았을 때는 동아리 전체에게 도움이 되는 방향으로 의견을 맞춰나갔고, 튀는 행동이 만약 다른 사람에게 불편함을 준다면 적극적으로 제지했었다. 하지만 부원일 때는 그냥 이해하고 포용하며 같이 맞춰나가려고 노력했다고 했다.

다음으로 동아리 구성원들과 협력적으로 활동하고 동아리를 발전시켜 나가려면 어떤 요소가 가장 중요하다고 생각하는지 묻자 그는 "희생"을 꼽으며, "동아리의 발전을 위해서는 구성원들이 함께 그 방안에 대해 고민하고 실행할 수 있도록 자신의 열심을 쏟아야 하기 때문에 희생정신이 중요하다"고 강조했다.

나의 전설을 닮고 싶다

"스무 살이었던 귀여운 후배들이 어느덧 자라 동아리에서 제 몫을 다하며 이끌어가고 있는 것을 보면 정말 든든하고 대견하다"는 하유진 씨는 후배들과의 대화 방법으로 '술자리'를 꼽았다. "동아리 활동 시절 자주 가 추억이 많은 술집에서 만나는 것을 좋아합니다."

후배들에게 어떤 선배가 되고 싶은지 묻자, "힘들 때 편하게 연락할 수 있는 선배가 되고 싶다. 아직 부족하지만 후배들보다 먼저 졸업, 취업 등을 겪어본 사람으로서 후배들의 고민에 지혜로운 답을 줄 수 있는 선배가 되고 싶다."라고 하며, "신재욱 선배님 반만 따라갈 수 있었으면 좋겠다."라고 덧붙였다. 92학번 신재욱 씨는 하유진 씨가 꼽는 '전설'적인 선배이다. 그는 "내가 아는 모든 사람들 중에서 가장 '관계'를 잘 맺는 분이다. 후배들의 이름과 얼굴을 하나하나 기억하려 노력하시고 또 관심을 가져주신다. 또한 실질적인 도움도 많이 주셨는데, 탁구부원들을 대상으로 경제-경영 세미나를 열어주기도 하시고, 자신의 회사에서 인턴 기회를 제공해 주시기도 하셨다. 선배님께 항상 감사하다고 말씀드리면, 하시는 말씀이 '사랑은 내리사랑'이라며 항상 후배들을 잘 부탁한다고 하셨다."라며 "선배님께 받은 사랑을 꼭 후배들에게 갚아나가고 싶다."라고 말했다.

서울대 댄스 동아리 H.I.S.의 전설 허경록

2013년 국내 최대 규모 대학교 준프로 퍼포먼스 배틀인 'Are you ready' 준우승, 유명 준프로 팝핀 크루 '스테디업' 소속 멤버, 대부분의 H.I.S. 팝핀 안무를 만든 장본인. 동아리 H.I.S.에서는 단연 전설로 받아들여지는 허경록 씨는 직접 만나보니 머릿속에 그려지던 이미지와 달리 친근하고 다정다감한, '옆 집 오빠' 같은 선배였다. 5월 9일 5시부터 6시까지 H.I.S.의 정규 연습 시간에는 참여관찰법을, 6시부터는 심층 인터뷰 방법을 통해 그와의 긴밀한 소통을 시도해보았다.

친한 형 같은 선배가 되고 싶다

5월 9일 5시, 서울대 두레문예관에서는 H.I.S.의 봄 축제 공연 리허설과 정기 연습이 진행되었다. 허경록 씨는 후배들에게 팝핀 동작을 가르치기도 하고, 자세를 봐주기도 했다. 몸소 이런저런 춤 동작을 보여주고 후배들의 자세를 고쳐주기도 하는 그의 모습이 인상 깊었다.

허경록 씨는 "H.I.S.가 춤 동아리인 만큼, 춤을 통해서 먼저 친해진다. 후배들과 친해지기 위해 연습 후 함께 밥을 먹기도 하고, 안무를 만들면서 후배들을 도와주기도 한다. 특히 같이 공연을 서게 되면 연습하면서 친해지기 쉽고, 뒤풀이나 술자리를 마련해서 더 편하게 얘기를 나눌 수 있기 때문에 (후배들과 친해지는) 가장 좋

은 방법인 것 같다."라고 말했다.

H.I.S.의 웬만한 안무는 그의 손을 거쳐 갔다고 해도 과언이 아니다. 그는 후배들을 데리고 직접 팀을 꾸려 여러 차례 대회를 나가기도 했다. "'해결사처럼 뭔가 해보겠다', '어떤 존재가 되어야겠다'기보다 그냥 친한 형 같은 선배가 되고 싶다."라는 그는 연습이 끝난 후에도 가르쳤던 후배와 대화를 나눴다. 후배의 이야기를 진지하게 들으며 자상하게 대답해주는 그를 보면서, 후배에게 진심으로 관심을 갖고 후배와 진정한 소통을 할 줄 아는 선배 같다는 생각을 했다. 후배 정유철 씨는 그에 대해 "까마득한 선배임에도 불구하고 나 같은 후배들과 소통하려고 노력하시는, 든든하게 의지할 수 있는 선배."라고 말했다. 허경록 씨와 함께 무대에 선 경험이 있는 후배 조민우 씨는 "동아리 운영이나 공연에 있어서 항상 조언해주시는 존재. 거의 실질적 지도교수님이 아니실지 싶다."라고 했다.

'인위적이지 않음'과 '역지사지'의 자세

허경록 씨는 인터뷰 내내 '인위적이지 않음'과 '역지사지'의 자세를 강조했다. '동아리 구성원들과 협력적으로 활동하고 동아리를 발전시켜 나가려면, 어떤 요소가 가장 중요하다고 생각하는가?' 하는 질문에 그는 "동아리에서 활동하고 친해지는 것을 인위적으로 생각하지 않는 것이 중요한 것 같다."라고 하면서,

"동아리를 의무적이고 부담스러운 과제로 생각하기보다는, 동아리원들과 대화를 나누며 자연스럽게 동아리를 자신의 삶의 일부로 생각하는 자세가 필요하다."라고 답했다. 특히 후배들과의 소통에서는 "'개구리 올챙이 적 생각을 하는 것'이 중요하다."라며, 후배들을 보면서 "'내가 저 입장이었으면', '저때의 나는 어땠을까'와 같은 생각을 하면서 소통해야 한다."라고 강조했다.

"잘 맞지 않는 구성원은 존재할 수밖에 없어요. 하지만 저 같은 경우에는 안 맞는다 생각이 들더라도 '내가 싫어하는 사람'이라고 규정짓지 않고, 일부러 거리를 두거나 가까워지려고 하기보다는 자연스럽게 놔두었죠. 각자 나름의 생각이 있기 때문에 시간이 지나면 자연스럽게 관계도 풀어져 갔고, 그 사람의 방식을 서로 맞춰 가게 되었어요. 누군가를 싫은 사람으로 규정하지 않고, 나와 다른 사람이 있다고 생각하는 게 좋은 것 같아요."

춤은 밥이다

허경록 씨의 춤 실력과 안무 짜는 능력은 동아리 내에서도 뛰어나기로 소문이 자자하다. 앞서 밝혔듯 그는 현재 유명한 준프로 팝핀 크루인 '스테디업'에서도 활동하고 있다.

그가 춤을 시작한 계기는 신입생 오리엔테이션에서 본 H.I.S.의 팝핀 공연이었다. 하지만 춤에 흠뻑 빠지게 된 결정적인 동기는 바로 '비보이 챌린지'라는 스트릿 댄스 행사였다. 태어나서

처음으로 팝핀 배틀을 가까이에서 보면서, '나도 저렇게 추고 싶다'는 생각이 들었던 그는 학원에 다니기 시작했다. 또한 "하루에 8시간씩 연습실을 예약해서 연습을 했을 정도로 춤에 열정을 쏟아부었다." 그는 춤은 "밥 같은 존재"라고 답했다.

"춤은 밥 같아요. 춤을 추는 것이 삶에 녹아 있게 되었고, 이제는 삶에 있어 자연스러운 존재가 된 것 같습니다. 그렇기 때문에 항상 특별한 이유 없이 먹지만, 먹지 않으면 배고프고 힘들어지는

밥 같다고 생각합니다."

2~3개월 정도 아예 연습을 하지 않고 쉴 만큼 슬럼프도 찾아왔었지만, 이내 밥 같은 존재인 춤을 찾게 되었다고 했다.

"춤을 추는 사람들의 장점은 이런 것 같습니다. 유흥 등 자극적인 것들로부터 삶의 만족감을 얻는 사람들도 있습니다. 하지만 춤을 취미로 하는 사람들은 춤에서 낙을 찾죠. 하지만 춤 자체가 목표가 있고 계속 시간과 노력을 들여야 하는 일인 만큼 춤을 추는 사람들은 다른 자극적인 것으로 엇나가지 않는 것 같습니다."

에필로그

'전설' 하유진 씨와 허경록 씨는 공통점이 많았다. 우연한 계기로 각 분야에 입문한 그들은 각각 "일주일 중 3~4일은 탁구만 치며, 온전히 탁구에 빠져 살았다.", "하루에 8시간씩 연습실을 예약해서 연습을 했을 정도로 춤에 열정을 쏟아 부었다."라고 답할 정도로 자신의 분야에 많은 시간을 할애했다. 또한 그 노력이 밑거름이 되어 대회 입상의 결과까지 이루어냈다. 활동 당시 구성원들과의 갈등 해결방안으로 '대화', 즉 '소통'을 꼽았다는 점에서도 공통점을 찾아볼 수 있다. 마지막으로 이들은 졸업 후 사회인이 된 지금도 끊임없이 후배들과 소통하며 그들에 대한 애정을 표현하고 있었다. 이에 '전설은 소통에 능한 자'라는 것이 이번 소통 프로젝트를 통해 우리가 내린 결론이다.

이들과의 만남에서 아쉬운 점이 있다면 일정을 사전에 조율하지 못해 처음 계획했던 대로 인터뷰가 진행되지 못했다는 점이다. 하지만 이번 인터뷰는 '전설'이라는 생각에 감히 다가가지 못했던 인물들과 긴밀하게 소통할 수 있는 자리를 만들었다는 점에서 성공적인 소통이었다고 생각한다.

feedback from prof.

과제물이라고 해서 꼭 무거운 주제를 선택할 필요는 없다. 시사적이고 어려운 주제를 잡았다고 해서 반드시 점수를 잘 받는 것도 아니다. 본인들이 정말 소통하고 싶고 만나고 싶은 대상을 만나 '제대로' 소통해보는 것이 이번 프로젝트의 취지였다. 이 학생들은 학교생활을 하며 실제로 정말 소통해보고 싶었던 멘토를 그 대상으로 정했다. 직접 대화하고 싶었지만 차마 용기 내 다가가기 어려웠던 '전설적인' 동아리 선배. 과제를 구실 삼아 그들을 만나기로 한 것만으로도 두 학생은 흥분되고 설레었을 것이다. 보고서만 보아도 재기 발랄한 글 속에서 두 학생이 과제에 임하는 자발성과 즐거움이 느껴져 읽는 동안 기분이 좋았다.

보고서의 구성과 내용 역시 군더더기 없이 깔끔했다. 학생들은 '전설' 선배와의 소통을 통해 전설이 될 수 있는 노하우를 전해 듣고 싶었다. 그들도 전설이 되어보고 싶었던 것이다. 지극히 학생스러우면서도 진정성이 느껴지는 목표였다. 이들은 그 목표를 위해 각자 전설 선배 한 명씩을 만나 소통했고, 전설이 될 수 있었던 과정과 이유를 파헤쳤다. 그 결과물은 딱딱하지 않게 자연스럽게 서술되었고, 완벽하지는 않지만 실제 인터뷰 기사처럼 느껴질 정도로 그다지 막히는 부분이 없이 유려하게 표현되었다. 두 인터뷰를 통해 전설의 공통점을 뽑아낸 구성 역시 깔끔했다.

아쉬운 점은 인터뷰의 스킬 부분이었다. 애초 두 학생은 참여관찰법과 심층 인터뷰 방법을 접목하여 소통하고자 계획했다. 전설 선배가 후배들과 소통하는 자연스러운 모습을 관찰한 뒤, 직접 그와의 인터뷰를 진행하고자 한 것이다. 인터뷰 방법 하나에만 의존하지 않으려 한 이러한 기획은 훌륭했다. 그러나 결과적으로 참여관찰에는 한 번은 성공하고 한 번은 실패했다. 실패한 이유는 전적으로 인터뷰 대상의 스케줄 변동이기에 이를 탓할 생각은 없다. 다만 선배를 기껏 만났는데, 그가 진지한 이야기를 불편해한다고 해서 그 자리에서 직접 인터뷰를 진행하지 않고 이메일 인터뷰로 대체한 점이 아쉬웠다. 설혹 상대가 강하게 이메일 인터뷰 진행 의사를 밝혔더라도, 기왕에 만났다면 어떻게든 설득하여 인터뷰를 진행하는 것이 옳았을 것이다. 그랬다면 한층 생생한 이야기를 들을 수 있었을 것이다. 이러한 인터뷰 스킬의 부족이 아쉽지만, 전반적으로 공감이 가고 재미있는 결과물이다.

"미안하다" 먼저 말 못해 미안해

탄자니아 유학생 미카

심리학과 김은진
심리학과 윤소람

미카(Micah)는 탄자니아에서 자신의 꿈을 이루기 위해 한국으로 공부를 하러 온 친구다. 2014년 3월, 미카가 속해 있는 사회대 R반은 모든 학번이 참여하는 총 MT에 갔고, 미카 역시 여느 새내기들과 다를 바 없이 부푼 마음을 안고 총 MT에 참여하였다. 하지만 그곳에서 미카는 이름은 거창하게 멤버십 트레이닝(Membership Training, MT)이면서 실상은 삼삼오오 모여 앉아 밤새 술 게임을 하고 노래를 부르고 시끄럽게 노는 MT의 실체에 대하여 알게 되었고, 한국 대학생의 MT 문화에 경악하며 그것을 가열차게 비판하였다. 그는 MT가 끝난 후 "이런 게 어째서 Membership Training이냐, 이해할 수 없다."라는 말을 남기고는 반에서 사라졌다. 어색한 미소를 지으며 가끔 들르던 과방에서도 그의 모습은 더 이상 보이지 않았다.

돌이켜보면 이에 대한 R반의 대처는 참으로 허술하기 짝이 없었다. 다른 나라, 다른 문화권에서 온 이에게 납득할 수 있는 이유를 제시하거나, 왜 MT가 그런 것이어야 하는지 근본적인 것에 대해 생각하고 반성하기는커녕 "MT는 원래 그런 것이다, 우리가 오라고 강요하지는 않지 않았느냐." 등의 변명을 쏟으며 자신의 행동을 정당화하기에 바빴다. 이것도 면 대 면으로 이루어진 소통이 아닌, 미카와 대화를 했던 소수의 친구들을 통해 미카의 입장을 전해 듣고 자신의 입장을 다시 전달하는 식의 간접적인 소통이었다. 우리는 늦었지만 지금이라도 미카를 직접 만나 그의 생각을 들어보기 위해 소통을 시도해보았다.

소통을 준비하며

우리가 원하는 소통

다행스럽게도 미카는 아직 서울대에 재학 중이다. 가끔 기숙사나 도서관 근처에서 과 점퍼를 입고 있는 그를 보기도 한다는 학우들의 증언도 많았다. 그렇기에 물리적으로 접근하는 것은 비교적 수월하다. 다만 걱정되는 것은 물리적 만남의 문제가 아니라, 우리의 소통 시도를 그가 어떻게 받아들일지 하는 감정의 문제다. 따라서 우리의 일차적인 목표는 미카와 원활하게 만나 대화하는 것이다. 미카와 함께 소통하며 해결하고 싶은 것들은 R반 전체와의 화해, 우리네 MT 문화에 대한 반성적 고찰, 나아가 교환 학생에게 필요하다고 느끼는 문화적 장치에 관한 고민 등 많은 것이 있지만, 이는 이차적 단계에서 다루어야 할 것들이다. 지금까지 소통 부족으로 인한 감정의 골이 깊기에 우리는 우선 미카에게 이러한 소통의 시도가 과제를 위한 수단적인 것이 아니며, 과거의 잘못을 지금에야 자각한 같은 반 학우의 진심 어린 시도임을 알리고 싶다.

소통과정에 물리적으로 참여하고 대화를 주도해갈 사람은 우리 둘이지만, 이 소통의 궁극적 커뮤니케이터는 우리 둘과 미카라기보다는 R반과 미카다. 소통 대상을 미카로 정하면서 우리는 불가피하게 R반을 매개하는 미디어이자, R반을 대표하는 커뮤니케이터가 되었다. 그렇기에 우리는 우선 R반을 대표해 미카에게 소통을 시도하는 것과 관련하여 R반 14학번 전체에게 양해를 구했다. 최대한 반의 입장을 반영하기 위해 노력할 것을 약속하며, 미카에게 전하고 싶은 말이나 그에 대한 생각을 조사했다. 반 친구들에게서 개별적으로 연락을 받으며 알게 된 미카에 대한 R반의 생각은 예상보다 긍정적이었다.

"MT 문화에 충격을 받은 모습에 미안했다.", "우리는 생각보다 괜찮은 친구들이니 오해를 풀고 친해지면 좋겠다.", "다시 과방에 오면 좋겠다.", "미카가 아직도 과잠(과 점퍼)을 입는 것은 반에 대한 소속감을 가져서인지 궁금하다." 등이었다.

R반 친구들이 미카에게 전하고 싶어 하는 말들, 알고 싶어 하는 것들은 가능한 모두 인터뷰 질문에 반영할 계획이다.

어떻게 소통할 것인가

미카와의 직접적인 소통을 위해 페이스북 메시지를 보내서 일정을 조정하였고, 그 결과 2015년 5월 8일 금요일 4시에 교내 카페에서 만나기로 약속하였다. 공식적인 인터뷰처럼 딱딱한 곳에서 만나 그 사건에 대한 정황만 듣는 것은 애초에 우리가 하고자 하는 소통이 아니므로, 일상 대화를 하듯이 미카의 근황과 미카 자신에 관련한 질문을 시작으로, 자연스럽게 MT 사건에 대한 그의 생각을 들어볼 것이다. 그런 분위기를 최대한 유도해내기 위해 교내 카페라는 친근한 장소를 선택했다.

미카를 만나기에 앞서 미카에 대한 기본적인 정보를 수집하였다. 2014년 3월의 MT 이후로 미카와의 연락이 끊겼고, 아무도 적극적으로 나서서 오해를 풀려고 노력하지 않았기 때문에 미카도 R반에 대하여 아는 바가 별로 없을 것이며, R반 구성원들 중에서도 미카에 대해 자세히 아는 사람이 없다. 따라서 우리는 미카와 대화를 나눴던 R반 구성원과의 연락, 미카의 소셜 미디어 계정 살펴보기, 탄자니아에 대한 책 읽기, 이 세 가지 방법을 통해 미카에 대한

이해를 증진시키고자 하였다.

먼저 우리는 R반 구성원들과의 연락을 통해서는 미카가 한국의 급속한 경제 발전에 감명받아 탄자니아에서의 '제2의 한강'의 기적을 꿈꾸며 한국으로 왔다는 것을 알게 되었다. 한편 그의 페이스북을 통해 본 미카는 학기 중에는 학교생활과 교회활동을 하고, 전도에도 힘쓰는 듯 보였다. 방학 동안에는 탄자니아에서 강연을 하기도 하고 탄자니아와 한국을 오가며 친구들을 만나고 여행을 다니는 것 같았다. 작년에는 탄자니아에서 자신의 이름으로 책을 출판하기도 하였다는 것을 알게 되었다. 이와 함께 『프라하, 탄자니아에 빠지다』, 『잠보, 탄자니아』 등의 책을 참고하여 잘 몰랐던 국가인 탄자니아에 대한 이해도도 높였다.

소통 그 후

5월 8일 오후 4시경, 교내 카페에서 미카를 만났다. 1년 만에 만난, 그리 친하지도 않은 친구들이 갑작스럽게 하고 싶은 얘기가 있다며 불러낸 것도 달갑지 않았을 수 있는 상황에서 만나자마자 작년 MT 때의 기억을 떠올리게 하며 그때의 기분이 어땠는지, 무슨 생각을 했는지 꼬치꼬치 캐묻는 것은 오히려 역효과를 낼 것 같아 가볍게 근황을 이야기하며 대화를 시작하였다.

경제학부 학생인 미카는 한국어로 진행되는 수업을 듣고 이해하는 것이 가장 어렵다고 말했다. 몇몇 수업들은 시험을 영어로 보고 과제도 영어로 작성하여 제출할 수 있지만, 한국어로만 시험을 보고 과제도 해야 하는 수업의 경우 부담이 크다는 것이었다. 또한 학생들이 많은 경제학부 특성상 전공 강의가 거의 대형 강의인데 수많은 한국 학생들 사이에서 혼자 외국인 학생으로 앉아서 수업을 듣는 이질감에 아직도 적응하기 어렵다고 말하였다. 타국에서 홀로 교환학생으로 와서 새로운 환경에 적응하고 공부하는 것만 해도 힘들 텐데, 미카는 자신이 공부보다 다른 것들을 더 많이 하고 있는 것 같다고 말하였다.

탄자니아 대통령을 꿈꾸는 한국 유학생

미카는 우리가 생각했던 것보다 훨씬 열정적이고 생각이 깊고 또 바쁘게 사는 친구였다. 그의 꿈은 "변화를 만드는 것"이라고 하였다. 탄자니아의 미래뿐만 아니라 세계인 모두의 미래를 위해 타인을 돕고 사람들이 자신의 가능성과 잠재력을 깨달을 수 있도록 도와주는 것이 자신의 목표라고 덧붙였다. 또한 자국의 대통령이 되어 탄자니아 및 아프리카 대륙 국가들의 부흥을 일으키는 것이 꿈이라고 말하였다.

자신의 꿈을 이루기 위해 미카는 정말 다양한 활동을 하고 있었다. 우선 기독교 신자로서 매주 금요일, 토요일, 일요일마다 교회에 가고 성가대 활동을 한다고 하였다. 또한 정기적으로 양로원 봉사와 초등학생, 중학생들에게 한국 역사를 영어로 설명하는 방법을 가르치는 활동을 하고 있었다. 미카는 어린 친구들과 같이 박물관, 민속촌 등에 체험 학습도 가면서 한국 역사에 대해 더 열심히 공부한다고 하였다. 또한 'Young Motivators'라는 단체 활동도 병행하고 있었다. Young Motivators는 그가 친구와 함께 한국에서 만든 모임으로, 사람들에게 자신의 잠재력과 가능성을 일깨워주기

위해 동기부여가 되는 글귀를 공유하고 또 공개적으로 강연을 진행한다고도 했다. 처음에는 친구와 둘이서 시작했지만 지금은 멤버들이 많이 생겨서 외부로부터 후원도 받고, 외부에 강사로 초빙되기도 한다고 하였다.

작년에는 탄자니아에서 책도 출간하였다고 한다. 항상 책을 쓰고 싶었지만 기회가 없어서 매번 소셜 미디어를 통해 에세이를 게시하는 수준에 그쳤는데, 작년에 탄자니아에 갔을 때 우연히 책을 쓸 기회를 얻게 되었다고 한다. 그는 다음에 또 좋은 기회가 생겨 책을 쓰게 된다면 그때는 스와힐리어뿐만 아니라 영어로도 책을 출간하고 싶다고 하였다.

눈코 뜰 새 없이 바쁜 와중에도 시간을 내어 인터뷰에 응해준 미카가 대단하게 느껴졌고, 여유를 잃지 않는 그의 마음가짐이 부럽기도 했다. 근황 공유와 공부, 그리고 꿈에 대한 이야기로 경직되어 있던 분위기를 부드럽게 만든 후 우리는 2014년의 MT에 대하여 질문하였다.

다른 문화권의 친구에 대한 배려가 부족했다

결론부터 말하자면, 미카는 MT에서 있었던 일로 화가 나지도 않았고 R반 학우들에 대해 나쁜 감정이 있지도 않다고 했다. 그는 MT 이전에 이미 한국의 술자리 문화에 대해서는 알고는 있었으나, 다만 'Membership Training'이란 시간이 그런 방식으로 진행되는지 몰랐을 뿐이었다고 했다. 그럼에도 불구하고 학생들이 다른 문화권에서 살다 온, 혹은 다른 가치관을 가진 친구에 대한 배려가 부족했다는 점을 언급하였다. 자신은 술을 마시지 않기 때문에 MT 내내 벽에 기대어 다른 친구들이 노는 것을 지켜보기만 했는데 그 시간이 불편했고, 아마 불편해했을 다른 친구들도 있었을 것이라고 생각했다는 것이다. 우리도 이 부분에 깊이 공감하며 모든 사람이 즐겁게 참여할 수 있는 MT 문화를 만들도록 노력하겠다고 약속하였다.

1여 년 만에 재회한 친구는 예상했던 것보다 훨씬 더 깊고 열린 생각을 하는 이였다. 그는 소원한 사이인데도 먼저 만남을 제의해준 우리가 멋지다며 고맙다고 했다. 그렇지만 그렇다고 해서 그가 우리를 좋게 생각한다는 느낌을 받은 것도 아니었다. 하고자 한 것은 사과와 화해였는데 사실상 화해는 우리 사이에 필요한 것이 아니었다. 어떤 한 사람이 다수의 의견에 반하는 의견을 내비치고 이것이 묵살되었을 때, 그 사람은 화를 내기보다는 조용히 자기만의 생각을 묻어버릴지 모른다. 한국인의 술 문화를 잘 알고 있었기에 괜찮았고 오히려 자기가 너무 솔직해서 탈이라며 미안해하는 미카의 반응은 그런 종류의 것으로 보이기도 했다.

에필로그

소통 후 미안함보다도 아쉬움이 남았다. 좀 더 일찍 'Sorry' 짧은 두 음절의 말을 전하지 못한 것에 대해 말이다. 사건 당시에 지레 겁을 먹고 이 짧은 말 하나 못하고 우리끼리만 똘똘 뭉쳐 미카에 대한 편견만 키워버렸다. 1년이 더 지나서야 비로소 대화다운 대화를 나눠본 미카는 두세 시간 정도의 짧은 인터뷰 만에 우리 둘을 같은 젊은이로서 반성하게 할 만큼 열정이 크고 꿈이 많은 청년이었다. 소인배 같았던 행동을 부끄럽게 만드는 관대하고 친절한 친구였다. 그때 어떻게든 용기를 내서 미안하다고 했다면 그는 자신의 생각을 말하며, '그렇지만 너희가 잘못했다는 것이 아니야.'라며 흔쾌히 사과를 받아주었을 것이다. 이젠 용기를 내지 못한 미안한 마음보다, 그때의 행동으로 인해 미카의 진정한 면모를 알지 못했고 더욱 친해지지도 못했다는 아쉬운 마음이 더 크다.

미카는 인터뷰 말미에 "자주 R반 방에 들러 달라."라는 우리의 말에 "그러고 싶지만 공부할 시간도 없을 정도로 너무 바쁘다."라고 했다. 그러면서 "그렇지만 노력해보겠다."라고 덧붙였다. 그는 분명 노력하겠다고 말해주었다. 그리고 우리도 더 이상은 우리의 잘못, 그로 인한 불편한 감정을 외면하며 합리화하지 않을 것이다. 한때의 잘못을 외면해서 미안함을 느꼈고, 그 미안함마저 외면한 채로 1년을 보냈다. 이젠 집단의 안일함에 묻혀 부조리를 외면하는 것이 잘못이라는 걸 잘 알고 있다. 그런 만큼 지금의 이 '아쉬움'을 과거의 '미안함'처럼 그대로 묻진 않으려 한다. 아쉬운 만큼 이제부터 더 노력할 것이다. 서로에 대한 노력을 약속한 지금, 우리의 관계는 한 발 더 전진하고 있다고 믿는다.

feedback from prof.

이 과제물 역시 동아리 선배와 소통한 앞의 과제물과 마찬가지로, 학생들이 일상에서 소통하고 싶은 인물을 대상으로 삼았다. 누구든 사소한 오해 때문에 연락이 끊기거나 사이가 소원해진 지인이 있을 것이다. 그렇기에 그런 친구와의 소통을 시도한 두 학생의 마음에 공감했고, 상처받았을 외국인 유학생 친구를 잊지 않고 먼저 다가가려 한 이들의 마음 씀씀이가 기특했다.

두 학생의 준비과정에서도 진심이 느껴졌다. 이들은 애초 R반과 유학생 미카(Micah)와의 소통을 중재하는 커뮤니케이터로서의 역할을 하겠다고 계획했다. 이를 위해 R반 친구들을 대상으로 미카에게 전하고 싶은 말을 수집하기도 했다. 미카를 제대로 이해하기 위해 미카의 페이스북도 살펴보고, 그의 고향인 탄자니아에 대한 참고 서적도 읽었다.

하지만 아쉬운 점은 미카와의 실제 만남에서 이러한 기획과 준비가 제대로 반영되지 못했다는 점이다. 학생들은 미카를 만나는 데만 급급했을 뿐, 본인들이 준비하고 수집한 정보를 활용하여 그와의 소통을 적절히 수행했다고 보이지는 않는다. 예컨대 왜 사전에 수집한 미카 또는 탄자니아에 대한 정보를 활용하여 친교적 대화의 수준을 더 높이지 않았는지, 왜

R반 학생들이 전달한 말들을 어떠한 형식으로든 미카에게 전하지 않았는지 하는 궁금증이 들었다. (물론, 이러한 과정이 보고서 작성 시 생략되었을지 모른다.) 이러한 점에서 이번 프로젝트는 두 학생과 미카라는 학생 간의 개인적인 소통일 뿐, R반과 미카의 소통이 되었다고 판단되지는 않았다.

다만 두 학생이 언급한 대로, 이들과 미카의 이번 만남은 R반과 미카의 본격적인 소통을 위한 일차적인 단계라는 데 주목하고 싶다. 학생들이 계획한 대로 이번 과제를 계기로 미카와의 추가적인 소통을 이미 진행했기를, 또 지속하기를 기대한다.

경제학,
현실에 화해를 청하다

서울대학교 경제학부 이준구 교수

11

국어국문학과 박지선

신문사에라도 들어가지 않는 이상, 가족이 아닌 누군가를 인터뷰하게 될 줄은 몰랐다. 부모님을 인터뷰했던 초등학교 때의 기억을 되살려야 할 정도로, 인터뷰라는 소통 방식은 나에게 어색한 것이었다. 다만 이번 과제가 일상적인 관성, 혹은 타성에 물들어 있던 나에게 일종의 자극이 될 수 있다는 생각으로 위안을 삼았다. 인터뷰를 막 준비하기 시작할 때는 모든 것이 막막했고, 심지어 인터뷰 팀을 짜고 인물을 설정하는 문제부터 난항을 겪었다.

고민 끝에, 대학 입학 후 지속적으로 가졌던 학문에 대한 의문을 이번 기회를 통해 고찰해보고자 하였다. 내가 생각하는 대학의 장점은 가장 고전적인 것부터 최근까지의 학문을 접할 수 있다는 것이다. 교수님들이 이 복잡다단한 경향을 큼직하게 정리해서 전달해주는 것 역시도 더 말할 나위 없이 큰 장점이다. 그러나 화석처럼 고정된 교과서 지식만 배우다가 변화무쌍하고 유동적인 학문의 특성을 알게 되면서, 그 방향성에 대해서 고민하게 된 측면도 있다. 학문이 진리와 동의어가 아니라는 점, 정치색에 의해서 과장되거나 왜곡될 수 있다는 것도 새로운 사실이었다. 학문이 체제유지의 수단으로 이용되거나, 의식하지 못하는 사이에 특정한 경향을 띠게 되는 것은 분명히 문제다. 그러나 학문이 현실에서 완전히 분리되는 것 역시 바람직한 현상은 아니라고 본다. 현실에서 유리되어 독자적인 세계를 구축한 학문은 그 이상의 효용을 가지지 못하기 때문이다.

학문의 방향성에 대한 이러한 나의 의문은 경제학 강의를 들으며 더욱 강해졌다. 현실에서 경제학은 레이거노믹스(Reaganomics)의 감세 정책을 뒷받침하는가 하면, 수학적 유희에 그치기도 하는 등의 모습도 보이고 있기 때문이다.

소통을 준비하며

우리가 원하는 소통

앞서 언급한 현실 속 경제학의 문제는 신고전파 경제학이 사회현상을 포괄하는 데 한계를 보이면서 나타났다. 이에 대한 보완책으로 등장한 것이 바로 규범경제학과 행태경제학이다.

넓은 의미에서 두 학문 영역은 현실과 학문의 화해를 도모한다고 볼 수 있다. 규범경제학과 행태경제학은 초기에는 윤리학, 심리학 등으로 치부되며 경제학으로 인정받지 못했지만 최근에 들어서 점차 그 영역을 넓히고 있다. 본 인터뷰의 목적은 신고전파 경제학의 대안으로서 규범경제학과 행태경제학의 위치를 논하고, 그것을 최근의 경제적 사안들에 구체적으로 대입해보는 것이다.

이 주제와 관련된 소통 대상으로 서울대학교 경제학부 이준구 교수를 선정하였다. 이준구 교수는 오랜 기간 서울대 경제학부 교수로 부임하다 올해 초 정년퇴임하였다. 그는 강단을 지키는 동안 무상급식이나 4대강 사업을 비롯한 사회적 사안들에 대해 소신 발언을 한 것으로 유명하다. 개론서를 포함한 다양한 경제학 서적들을 집필했기 때문에 그 발언의 파급력은 상당했다. 이는 모두 이준구 교수가 운영하는 개인 홈페이지에 공개적으로 게시되었고, 빈번하게 온라인 뉴스의 소재거리가 되기도 했다.

이준구 교수의 행보를 한마디로 요약한다면 '신고전파 경제학에 대한 반박'이라고 말할 수 있을 것이다. 신고전파 경제학이 일군 학문적 성과를 전면적으로 부정한다기보다는 이를 절대화했을 때 생기는 문제점을 지적한 것이다. 일반적으로 경제학을 실증경제학과 규범경제학으로 나누어 살펴볼 수 있는데, 이제까지의 학문적 흐름은 전자에 경도되어 있었다. 그러나 그는 규범경제학의 중요성을 환기하면서 분배의 문제를 강조한다. 이때까지 우리나라의 경제가 성장과 효율에 집중했다면 이제는 복지로 눈길을 돌릴 차례라는 것이다.

이준구 교수는 규범경제학뿐만 아니라 행태경제학에도 관심을 기울인다. 규범경제학이 기존의 경제학에서 비교적 경시되었던 분야라면 행태경제학은 가장 기본적인 경제학 가정을 뒤집어버린다. 그것은 바로 인간이 합리적이고 이기적인 동물인 '호모 이코노미쿠스(homo economicus)'라는 가정이다. 행태경제학이 상정하는 인간은 합리적 판단을 하지 못해 주먹구구식 결정을 내리기도 하며, 처음 만나는 사람에게 이유 없는 호의를 베풀기도 한다.

어떻게 소통할 것인가?

인터뷰 섭외를 위해 우선 학내 메일을 통해서 연락하고자 한다. 이준구 교수의 개인 홈페이지 게시판에 글을 남기는 방법도 고려할 수 있지만, 공개적인 공간이므로 이는 전략적으로 유보하도록 한다.

인터뷰의 구성 방식은 주제별/문제해결별 등으로 다양하게 나눌 것이다. 이는 답변과 인터뷰 당시의 상황에 따라 유동적으로 결정하고자 한다. 주제별로 본 인터뷰를 구성한다면, 본 주제인 '신고전파 경제학의 보완책으로서의 규범경제학과 행태경제학'을 먼저 다룰 수 있을 것이다. 그리고 부수 주제로, '연말정산과 기준금리를 포함한 경제적 현안들의 해석과 해결 방안'에 대해서 다루어 볼 것이다. 이 구성 방식은 일반적인 논의로 시작한 다음, 구체적인 의견으로 좁혀나갈 수 있다는 장점을 가진다. 문제해결의 순서로 본 인터뷰를 구성한다면, 우선 신고전파 경제학의 문제점에 대해서 비중 있게 다룰 수 있을 것이다. 그다음 '규범경제학과 행태경제학의 개념과 특성, 구체적 적용 사례'를 집약적으로 다룰 수 있을 것이다. 이 구성 방식은 신고전파 경제학과 두 학문 영역의 차이점을 부각할 수 있다는 점에서 효과적이다.

소통 그 후

인터뷰는 오후 5시, 이준구 교수의 연구실에서 하는 것으로 되어 있었다. 그러나 인터뷰 당일, 약속된 시각보다 10분을 지각하는 실수를 저지르고 말았다. 당시 일하던 장소인 입학 본부에서 연구실이 위치한 사회과학대학까지 걸리는 시간을 잘못 계산한 탓이었다. 그가 강의시간에 직접 시간 엄수의 중요성을 강조한 적도 있었기 때문에, 나는 연구실 문을 여는 순간까지도 조마조마한 마음이었다. 다행히도 아주 언짢아하지는 않아서 긴장되었던 마음을 조금 추스르고 인터뷰를 진행할 수 있었다. 인터뷰는 이준구 교수의 학문적 입장, 경제적 사안들에 대한 의견, 그리고 인물 탐구에 초점을 두고 진행하였다.

분배 문제와 행태경제학

이준구 교수를 떠올리자면, 언제나 두 명의 다른 인물을 대하는 것 같은 느낌이 들었다. 다시 말해 경제학자로서의 이준구와 진보적 사회 발언을 서슴지 않는 이준구가 별개의 인물처럼 느껴졌다. 경제학에 발 한쪽이라도 담그고 있는 사람이 아니라면, 그는 후자의 인물로 기억될 가능성이 더 크다. 특히나 무상급식이나 조세제도 등의 분배 문제에 관련해 여러 차례 목소리를 낸 바가 있기 때문에 더욱 그럴 것이다.

경제학은 수학이 아니다

이러한 간극이 발생하는 본질적 이유는 분배 문제가 경제학과 윤리학의 경계지점에 발을 걸치고 있다는 데 있다. 실제로 이준구 교수의 저서 『새 열린 경제학』에 등장하는 '정의로운 분배의 네 가지 요건'(①모든 사람의 정당한 권리를 보장할 것, ②각 사람의 몫이 가능한 한 동등한 상태에서 출발할 것, ③모든 사람에게 규칙을 공정하게 적용할 것, ④모든 사람이 자격에 합당한 몫을 차지할 것)은 후자에 더 가깝다고 볼 수도 있을 것이다. 나의 첫 번째 질문은 이

'정의로운 분배의 네 가지 요건'을 과연 경제학이라고 볼 수 있냐는 것이었다. 대답은 당황스러울 만큼 간명했다. 경제학이 반드시 수학적인 방법론을 취해야 한다는 생각은 고정관념이며, 이 네 가지 요건은 지극히 당연한 철학적 명제라는 것이었다. 그제야 나는 이것이 얼마나 바보 같은 질문이었는지 깨달을 수 있었다.

『새 열린 경제학』은 정의로운 분배에 대해서 논하고 있는 한편으로, 이와는 모순적인 뉘앙스를 풍기기도 한다. 대표적인 것으로, 정부규제가 지대추구 행위를 조장하기 때문에 최대한 지양해야 한다는 부분을 들 수 있을 것이다. 이 부분에 대해서 이준구 교수는 입장을 분명히 했다. 경제학적 관점에서 지나친 정부규제가 부정적 영향이 있음은 분명한 사실이지만, 『새 열린 경제학』이 오래전에 쓰인 책이기 때문에 보수적인 어조가 다소 강했던 것도 사실이라는 것이다. 실제로 책이 나온 다음에 그가 개인 홈페이지에 작성한 글을 읽어보니 위와는 조금 다른 맥락을 읽어낼 수 있었다. 현 시점에서 지나친 정부규제의 철폐는 부의 불평등을 심화시킬 수 있기에 위험하다는 것이다. 그의 입장에도 변화가 있었다는 점이 인상적이었다.

언론의 프로파간다가 분배의 걸림돌이 된다

분배 문제와 관련하여 한 가지 흥미로운 현상이 있다면, 저소득층이 오히려 감세 정책에 찬성한다는 것이다. 분배 문제를 복합적으로 이해하기 위해서 이런 현상의 원인에 대한 질문을 했다. 표면적으로만 본다면 이는 미국과 한국에서 동일하게 나타나는 현상이지만, 원인에서는 차이가 있다. 이준구 교수의 설명에 따르면, 미국의 경우는 종교·인종·젠더 등의 문화적 맥락에서 이런 현상이 발생할 수 있다. 실제로 미국에는 가난함에도 불구하고 기독교적인 신념만으로 공화당을 지지하는 개신교도들이 많다. 또한 백인들이 빈부와는 상관없이 백인우월주의나 인종차별적

사고로 인해서 특정한 경제정책을 지지하는 것도 가능하다. 반면에 우리나라의 경우, 이러한 현상이 일어나는 것은 보수 언론의 프로파간다 때문일 가능성이 높다고 한다. 사회적 분배가 절실한 저소득층이 오히려 분배 문제의 걸림돌이라는 점이 모순적이다.

행태경제학의 방법론은 기존의 경제학과는 구별된다고 말할 수 있을 것이다. 전통적 경제이론에서는 기본 가정을 바탕으로 가설을 세우고, 연역적 추론을 하는 것이 일반적이다. 그러나 행태경제학은 특정 모집단을 설정하고, 실험을 진행하여 일반적인 결과를 도출하는 방식으로 연구가 진행된다. 충분히 큰 모집단을 설정하고 실험을 진행하기 때문에, 그 결과가 특수하거나 예외적이라고는 말할 수 없다. 그러나 실험 결과가 인간 행동의 윤곽을 제시하기는 하되, 그 원인에 대해서는 설명해주지 않기 때문에 행태경제학을 경제이론으로 포장하기에는 아직 부족함이 있다는 것이 그의 설명이었다.

경제적 현안들에 대한 의견

최근에 큰 화제가 되었던 두 가지 경제적 사안들에 대하여 이준구 교수의 의견을 물어보았다. 먼저 한국은행이 기준금리를 하향조정한 것에 대하여 질문해보았다. 가장 단순하게 보자면, 경기가 나쁘고 시장에 유통되는 통화량이 적을 때는 기준금리를 내리고, 시장에 통화가 과잉 유통되어 인플레이션이 우려되는 상황에서는 기준금리를 올린다고 할 수 있다. 그러나 현실은 이처럼 간단하지 않기 때문에, 기준금리 조정의 결과는 예측하기 어렵다. 그러나 결과를 예측하기 어렵다는 이유만으로 경제학을 통계학의 일종이라고 보는 것은 지나치다는 것이 그의 입장이었다. 경제학적 법칙은 학문적인 논리를 가지고 있지만, 현실은 그 외의 무수한 법칙들이 얽혀 작용하는 공간이기 때문이다. 기준금리 조정의 결과를 예측하기 어렵다는 점은 경제학의 지식이 완벽하지 않다는 말로도 충분히 표현될 수 있다.

기준금리 인하는 경기침체 해결책이 아니다

이준구 교수는 한국은행이 기준금리를 인하하기로 한 결정에 대해서 긍정적인 입장은 아니었다. 현 상황에서 기준금리 인하는 의도된 결과를 가져오지도 않을 뿐만 아니라, 무책임한 결정이라는 것이 그의 설명이었다. 한국은행의 결정이 딛고 있는 논리는 시장이자율을 내리면 기업들의 투자가 늘어나고, 따라서 경기가 살아난다는 것이다. 그러나 그에 따르면, 현 시점에서 기업들의 투자가 미미한 것은 수중에 있는 자본이 부족해서가 아니라 투자 대상이 없기 때문이다. 다시 말해 기준금리 조정은 기업의 투자와 직결되지도 않을 뿐더러, 경기침체의 직접적인 해결방안도 될 수 없다는 것이다. 더군다나 기준금리 인하는 소비자들의 소비와 부채를 유도한다. 때문에 기준금리 인하 결정은 국가의 가계부채가 1,100조 원에 달하는 현 시점에서는 무책임한 일일 수밖에 없다. 기준금리를 인하한다면 단기적으로는 국가경제가 흥청거릴지 모르겠으나, 장기적으로는 위험한 일이라는 것이 이준구 교수의 설명이었다.

연말정산 논란은 손실 기피 성향으로 이해해야

다음으로, 한동안 떠들썩했던 연말정산 문제를 행태경제학의 입장에서 해석할 수 있는가에 대하여 질문했다. 이는 사람들이 손실을 기피하는 성향을 통해서 설명하는 것이 적합하다는 것이 이준구 교수의 설명이었다. 연말정산을 통해서 추가로 돌려받을 수 있을 것이라고 예상했던 금액을 돌려받지 못하게 되자, 사람들이 이것을 손실로 인식하게 되는 것이다. 오히려 추가로 돈을 지불해야 하는 사례도 생겨났다고 하니 그 반발감이 얼마나 컸을지는 더 말할 나위도 없다. 그러나 이를 이기적인 행태로 해석한 한겨레 기사가 나기도 하면서 사안에 대한 복합적인 시각이 존재하게 되었다. 이번 개정안으로 증세가 이루어진 집단은 주로 상위 20%인데, 이처럼 죽는 소리를 내는 것은 엄살이 아니냐며 꼬집는 것이 기사의 골자였다. 그의 설명에 따르면, 우리나라는 저소득층이 특히 넓게 분포되어 있기 때문에 상위 계층임에도 자신을 중산층으로 평가하는 이들이 많다. 일례로, 초등학교 교사만 하더라도 우리나라 상위 20%에 속하는 직업군이라는 것이다.

이준구 교수 인물 탐구

지식인으로서 목소리 계속 낼 것

추가 질문은 이준구 교수의 인물 탐구에 초점을 두었다. 우선 은퇴 이후의 일상에 대해서 물어보았는데, 은퇴 이전과 마찬가지로 특강이나 원고를 부탁받으며 생활하고 있다고 했다. 보다 궁금했던 점은, 그가 인터넷 공간에서의 사회적 발언을 이어나갈지의 여부였다. 그는 그러한 행동을 하는 이유에 대해, 나이가 들수록 한 명의 지식인으로서 하고 싶은 이야기가 많아지기 때문이라고 하였다. 더불어 그는 그의 발언에 다소 반정권적인 측면이 있기 때문에 제도권 언론에서는 목소리를 낼 기회가 없다는 것도 이유로 들었는데, 나는 이 대목에서 씁쓸한 감정을 느끼지 않을 수 없었다. 그의 개인 홈페이지가 명성을 얻게 된 것은 4대강 사업을 비판하는 글이 엄청난 조회 수를 기록한 다음부터였다고 한다. 적게나마 유지비를 들이며 발언을 이어나가는 1인 저널리즘이 인상적이었다.

경제학과 잘 맞지 않았다

학생들의 진로와 관련하여 이준구 교수는 다소 파격적인 이야기를 해주었는데, 그것은 본인이 경제학과는 그리 잘 맞지 않는 사람이라는 것이었다. 경제학을 전공으로 선택한 것은 당시의 사회 인식이나 의무감 때문이었고, 공부할 때도 그다지 즐거움을 느끼지 못했다고 했다. 경제학자로서 최고의 입지를 다졌다고도 할 수 있는 그의 입에서 지금도 경제학 연구를 할 때면 스트레스를 받는다는 말이 나온다는 것이 믿어지지 않을 정도였다. 그는 대수롭지 않아 하면서 본인의 흥미는 오히려 원예학, 국사학, 인류학 등에 있다고 하였다.

마지막으로 이준구 교수에게 경제학 서적이 아닌 책을 한 권 추천해 달라고 부탁했다. 그가 최근에 관심을 가지고 읽은 책은 윌리엄 데레저위츠의 『공부의 배반(*Excellent Sheep*)』으로, 오늘날 교육의 문제점을 통렬하게 파헤친 것이라고 한다. 그가 권유한 책을 빠른 시일 내에 반드시 읽어보기로 결심하면서, 다시 한 번 감사하다는 말을 전하고 싶다.

에필로그

이번 과제를 통해서 인터뷰에 대해 배운 점이 있다면, 그 준비가 생각보다도 훨씬 더 철저하게 이루어져야 한다는 점이다. 이준구 교수의 저서를 두 권이나 읽고, 인터뷰 주제와 관련된 뉴스를 읽고, 그가 운영하는 개인 홈페이지의 게시물까지 참조했음에도 불구하고 막상 인터뷰가 매끄럽게 이어지지 않아 당황했던 기억이 난다. 단순히 질문지만을 준비할 것이 아니라, 인터뷰이의 대답을 예측하고 그 대답을 받았을 경우 어떤 질문을 던질지까지 포함시킨 치밀한 플롯을 구성하는 것이 중요하다는 생각을 했다. 사실 더 매끄러운 진행을 위해서 미리 메일로 질문지를 보냈어도 좋았을 것이라는 생각도 들었다. 그러나 그것은 인터뷰이에게 번거로운 일일 뿐만 아니라, 솔직한 대답을 듣는 데 방해가 되었을 방법일 것이다.

인터뷰에 임하는 진지한 자세나 태도 또한 반성할 수 있었다. 나 자신이 이준구 교수의 강의를 듣고 있는 수강생이기도 하고, 30분짜리 짧은 인터뷰이기 때문에 다소 편안한 느낌으로 생각했던 것이 실책이었다고 생각한다. 아주 본격적인 인터뷰라고 보기는 힘들지만, 격식 있는 차림새로 방문을 하는 것이 예의였을 것이다. 뿐만 아니라, 지각하는 일도 지양했어야 할 것이다. 분명한 목소리와 자신감 있는 태도로 인터뷰를 이끌어가지 못했다는 점도 아쉬움으로 남는다.

feedback from prof.

이 학생은 평소 가졌던 학문에 대한 의문을 이번 소통 프로젝트를 통해 해소하고자 하였다. 진지한 학문적 고찰과 질문을 갖고 교수와의 소통에 임하는 자세가 인상적이었다. 질문 · 답변 내용이 제자의 학문적 갈증을 스승이 채워주는 느낌이 들어 단순히 과제물이기보다 마치 한 편의 경제학 해설서를 읽는 것 같았다. 누구나 강의실에서 교수의 강연을 들을 수는 있지만, 이렇게 홀로 대면하여 본인의 학문에 대한 의문을 해결할 수 있는 기회가 얼마나 되겠는가. 학생이 인터뷰를 통해 실제 공부를 하고 있다는 느낌이 들었고, 그만큼 본인에게 의미 있는 시간이 되었을 것이다.

이준구 교수는 같은 대학의 선생님이라 상대적으로 소통하기 쉬운 분이라 생각할 수도 있다. 하지만 보고서 안에 드러나듯 혼자서 다른 과의 저명한 교수님을 만나 일대일로 대화를 나눈다는 것 자체가 이 학생에게는 큰 도전이었을 것이다. 과제를 수행하는 과정 역시 순탄치 않았다. 애초 이번 프로젝트는 2인으로 구성된 팀별 과제였다. 그런데 팀 프로젝트를 진행하던 도중 나머지 팀원이 수업의 수강신청을 철회하면서 이 학생은 다른 팀원을 구해야 하는 상황에 봉착했다. 팀원을 찾기 위해 나름의 노력을 했지만, 이미 모든 팀 구성이 끝난 상황이라 홀로 프로젝트를 수행할 수밖에 없었다. 담당 교수와 조교 입장에서도 '과연 혼자서 프로젝트를 수행할 수 있을까' 염려했을 정도다. 하지만 우려했던 바와 달리, 소통 결과물은 완성도와 깊이 차원에서 우수했다.

전반적인 글의 구성 역시 매끄러웠다. 질문의 구성이 이론에 대한 거시적인 질문을 던진 뒤, 그 답을 바탕으로 경제 현안에 대한 질문으로 좁혀 나가는 방식으로 체계적이었고, 문장 역시 깔끔해 가볍지 않은 주제임에도 쉽게 읽혔다.

이 학생의 학문과 소통에 대한 진지한 자세는 소통 후기를 작성한 에필로그에도 여실히 드러난다. 이준구 교수를 만나기 전 그의 저서를 두 권 읽고 개인 홈페이지 게시물까지 샅샅이 뒤졌을 노력을 생각하니 소통에 앞서 얼마나 긴장하고 걱정이 많았을지 짐작이 갔다. 본인의 차림새나 인터뷰 태도를 반성한 대목에서도 진심이 엿보였다.

Epilogue

소통교육이 희망이다

책을 마무리할 즈음이면 항상 한마디 더 하고 싶은 심정에 휩싸이곤 한다. 그대로 끝내기에는 뭔가 아쉽고 부족하기 때문일 것이다. 군더더기가 될 것을 뻔히 알지만 여기에 책의 의미와 활용방안을 덧붙이는 것으로 미진한 느낌을 달래보고자 한다.

첫째, 이 책의 의미다.

이 책의 핵심 키워드는 '소통', 보다 구체적으로는 '제대로 된 소통의 실천'이다. 소통은 인간이 수행하는 수많은 행위들 중에서 으뜸가는 문화적이고 민주적인 행위다. 물리적 강제, 폭력, 협박, 사술에 의존하지 않고 대화, 설득, 진정성에 기초해 타인의 동의를 구하고 의견 차이를 좁히며 합리적인 의사결정을 도출하는 최고 수준의 '문명화된' 인간행위다.

이러한 행위를 실천하는 일은 결코 쉽지 않다. 이는 소통 목표에 대한 치열한 고민, 대상의 엄선, 섬세하고 꼼꼼한 기획, 그리고 돌발 변수의 극복 등을 수반하는 고난도 과업이다. 애초에 말문을 트는 것 자체가 쉬운 일이 아니니다. 타인 내지 타 집단에 대한 선입관, 편견 내지 오해, 표현 행위의 서투름, 이러한 서투름을 용인하지 않는 권위주의적이고 경직된 소통 문화, 공식적·비공식적 금기 내지 절대 건드릴 수 없는 성역, 소통 시도를 주저하게 만드는 불안, 자기 검열 등이 소통의 장애요소로 작용한다.

그래서 소통은 "교육"되어야 하는 것이다. 혹자는 모든 사람들이 손에 스마트폰을 쥐고 언제 어디서건 일대일, 일대다 내지 다대다로 메시지를 주고받으며 실시간으로 정보, 의견 내지 느낌을 교환하고, 인터넷 포털, 소셜 미디어, 뉴스 큐레이션 서비스 등이 총량을 헤아릴 수 없이 많은 뉴스와 정보를 분초를 다투며 쏟아내는 최근의 상황에서 이게 무슨 소리인가 할지도 모르겠다. 우리의 일상 속에서 소통은 너무 쉬우면 쉬웠지 교육을 받아야 할 만큼 어려운 일처럼 보이지 않는다.

하지만 다음 질문들을 떠올려보자. 우리의 일상을 가득 채운 수많은 소통 행위들은 얼마나 가치가 있는가? 이를 통해 우리는 과연 타인과의 거리를 좁히고 있는가? 이를 통해 사회적으로 소외되거나 따돌림 받는 이들을 이해하고 그들의 아픔을 공유하며 포용하고 있는가? 이를 통해 우리가 살아가는 공동체에 대해 보다 깊은 이해와 성찰에 도달하고 있는가? 권력의 비리를 보다 잘 밝혀내고 또 예방하고 있는가? 국민이 진정한 주인이 되는 민주주의를 보다 잘 실천하고 있는가?

이러한 질문들에 대해 대해 다양한 견해가 있을 수 있다. 하지만 최소한 한 가지 사실은 분명하다. 디지털 미디어의 급속한 발전에 따라 소통이 물리적으로 용이해지면서 '제대로 된 소통'의 가능성이 자동적으로 증진될 것이라는 견해는 지나치게 단선적이고 낙관적이다. 미디어의 발전은 종종 (최소한 과도기적으로) 소통의 문제를 초래한다. 특히 나와 다른 타인들의 존재를 인정하고 차이를 수용할 줄 아는 시민적 성숙도가 낮은 사회에서 소통의 양적 증가는 사회적 혼선과 갈등의 증가를 초래한다. 필자는 안타깝게도 우리 사회가 이에 해당한다고 본다.

실제로 지난 수년간 디지털 미디어가 급속히 발전하면서 전개된 우리 사회의 소통 양상은, 정제되지 못한 욕망의 거침없는 분출, 허위사실-편견-괴담의 횡행, 이를 규제하려는 권위주의 통치의 부활, 그리고 그에 맞선 거칠고 소모적인 물리적 대응 양상이 동시적-악순환적으로 발현되는 소통의 오작동 상황이다. 타협과 조정이 사라진 채 사사건건 극한적 대립을 빚는 정치권, 남남갈등으로 통칭되는 사회성원들의 반목과 갈등, 이념적으로 양극화된 언론, 저급한 정보, 사회적 약자 내지 소수자들에 대한 혐오 표출, 집단 따돌림 등이 넘쳐나는 인터넷과 소셜 미디어 공간이 그 단면을 구성하는 모습들이다. 소통의 양이 폭발하는 현시대에 제대로 된 '민주적-문화적 소통'은 역설적으로 더욱 실천하기 힘들고 발견하기도 어려운 '희소한' 현상이 되어가고 있다.

필자가 서울대학교 학부 학생들을 대상으로 자신에게 가장 소중하고 의미 있는 소통을 기획하고 실천에 옮길 것을 골자로 하는 과제를 내준 것은 이러한 이유에서였다. 이 책은 그 결과물인 11개의 소통 시도를 담고 있다.

학생들이 제출한 과제물을 엮어 책을 낸다는 것은 언뜻 보기엔 쉬운 일이다. 속된 말로 '거저먹는 일'로 여겨질 수도 있다. 하지만 이 책을 엮어내는 과정은 쉽지 않았다. 학생들에게 비교적 상세한 가이드라인을 주었음에도 학생들이 제출한 결과물들은 거지반 의욕만 넘칠 뿐 내용과 형식 측면에서 일반 독자들에게 그대로 공개할 수 있는 수준이 아니었다. 그렇다고 학생들의 소통 시도를 생생하게 전달하고자 하는 책의 목표에 비추어 그 내용을 필자들 마음대로 첨삭 내지 수정한다는 것은 온당치 않았다. 매 장별로 원 프로젝트의 의도 및 내용을 가급적 그대로 살리면서 체계성과 가독성을 끌어올리고 프로젝트의 의의를 평가하는 작업이 이루어졌다. 이 책을 통해 소개된 소통의 사례들은 이처럼 제대로 된 사회적 소통을 수행해보려 한 학생들의 노력에, 그 결과물을 제대로 소통해보려 한 필자들의 노력이 더해진 합작물이다. 불통의 아이콘인 서울대 학부 학생들로 하여금 제대로 된 소통의 길을 더듬어보게 하는 교육실험의 산물이다.

둘째, 이 책의 활용방안이다.

이 책이 소개하는 소통 프로젝트들은 미디어 환경의 급변 상황 속에서 혼란을 겪고 있는 커뮤니케이션 전공(신문방송학·언론정보학·언론학·미디어학·영상정보학·광고홍보학·미디어 커뮤니케이션학 등 다양한 이름으로 불리는)이 나아갈 방향에 대해 작지만 의미심장한 실마리를 제시해 준다. 더 나아가 이 책에 포함된 소통 시도들은 커뮤니케이션 전공이 자신에게 타당한 선택일지를 저울질하고 있는 대학 수험생들, 그리고 이들의 선택을 우려 섞인 시선으로 바라보는 부모님들에게 이러한 전공의 속살을 보여주는 길잡이 역할을 할 수 있으리라 본다.

필자는 커뮤니케이션 전공이 21세기 한국 사회에서 가장 유망한 인문사회과학 영역의 전공이라고 믿는다. 커뮤니케이션학은 정치학·경제학·사회학·심리학·법학·미학 등을 아우르는 '학제적(inter-disciplinary)' 학문 영역이다. 최근들어 동 전공은 컴퓨터과학과 결합되어 명실상부한 첨단 문·이과 융합학문으로 발전하고 있다. 법학전문대학원이나 경영대학원, 행정대학원 등 이른바 프로페셔널 스쿨 진학 차원에서도 커뮤니케이션은 가장 경쟁력 있는 학부 전공 중 하나다.

하지만 최근 대학사회에서, 특히 취업 위기의 직격탄을 맞고 있는 인문사회과학 영역 내에서, 심지어는 커뮤니케이션학을 연구하고 가르치는 교수들 사이에서 커뮤니케이션 전공이 위기를 맞고 있다는 우려가 높아지고 있다. 이러한 우려는 단순히 우려에 그치지 않고 학생 유치에 애를 먹는 지역 소재 대학들을 중심으로 교수 채용 우선 순위의 후순위 조정, 전공학생 정원수의 축소, 심지어 학과의 행정적 통폐합 같은 실질적 조치들로 이어지고 있다.

필자의 판단에 이러한 위기 담론 내지 조치들은 과도하게 부풀려진 것이다. 하지만 위기까지는 아니더라도 미디어를 중심에 둔 종래의 커뮤니케이션 전공 교육의 실효성에 대한 의구심이 증대되고 있음은 분명해 보인다.

지나친 단순화의 위험은 있지만 종래의 커뮤니케이션 교육은 미디어에 대한 이론적 지식의 전수(이른바 이론교육) 및 미디어 활용능력 개발(이른바 실무교육)을 양축으로 이루어져 왔다. 그것이 이론이건 실무건 그 중심에 '미디어'가 놓여 있다. 이처럼 미디어를 중심으로 한 전공 교육이 신문과 방송과 같은 이른바 레거시(legacy) 미디어의 위상이 정점에 달했던 21세기 초까지 큰 인기를 끌다가, 이들 미디어의 위상이 급속히 약화되고 이들을 대체하는 새로운 미디어들의 전망은 불투명한 상황이 전개되면서 혼선을 겪게 된 것이다.

하지만 교육의 중심을 미디어에서 소통으로 돌린다면? 끊임없이 변화하고 부침하는 미디어가 아니라 이를 수단으로 삼아 소통을 기획하고 수행하는 소통전문가를 양성하는 것이 커뮤니케이션 전공 교육의 목표로 재설정된다면? 이를테면 신문기자나 방송PD

육성이 아니라 그 어떤 미디어를 통해서건 제대로 된 환경 감시자, 권력 비판자, 여론 형성자의 역할을 수행하는 커뮤니케이터 육성이 전공 교육의 목표라면? 이때 비로소 우리는 미디어 환경 변화와 무관하게 양질의 소통을 수행할 수 있는 전문가를 양성하는 커뮤니케이션 전공의 모습을 제대로 조망할 수 있게 된다. 이때 급속한 미디어 환경의 변화는 커뮤니케이션 전공의 입장에서 위기가 아니라 새로운 가능성의 만개로 다가오게 된다.

그렇다면 우리는 어떻게 이처럼 '소통'을 중심에 둔 커뮤니케이션 교육을 수행할 것인가? 앞서 누누이 언급한 바 있지만 종래 커뮤니케이션 교육은 소통 이론의 전수 내지 미디어 실무 능력의 개발을 중심으로 이루어져 왔다. 이러한 교육은 두말할 나위 없이 중요하다. 하지만 문제는 이러한 교육만으로는 충분치 않다는 것이다. 지금까지 커뮤니케이션 전공 교육은 이 점에서 혼선을 빚어왔다.

필자의 입장을 다시 한 번 강조하고자 한다. 소통에 대한 이론적 지식 내지 미디어 실무능력은 소통 행위를 기획하고 수행하기 위한 필요조건에 해당한다. 이론과 실무는 소통 교육이 선택할 수 있는 선택지들이 아니라 제대로 된 소통교육이 이루어지기 위해 동시적으로 요구되는 교육 요소들이다.

최근까지 소통이론이나 미디어를 앞세우는 커뮤니케이션 교육에서 누락되어온 것은 이러한 교육과 훈련을 기반으로 삼아 실질적으로 '소통'를 기획하고 수행하는 실천적인 능력의 배양이었다.

이는 한편으로는 복잡다단한 이론들, 다른 한편으로는 그 이상으로 복잡한 방법론들을 전수하면서, 이 둘을 결합해 실질적인 사회문제에 적용하며 해결책을 모색하는 현장 연구경험은 거의 제공하지 않는 한국 사회 사회과학 교육 전반의 한계이기도 하다. 수단과 목적의 본말이 전도되어도 이만저만한 일이 아니었다. 최소한 필자가 지금껏 수행해온 교육이 그러하였다.

이 책은 이러한 반성에 토대를 두고 있다. 이 책이 커뮤니케이션 교육위기 담론이 팽배한 이 상황에서, 더 나아가 건강하고 정상적으로 작동하는 미디어, 사회적 소통, 여론의 향배에 국가와 사회의 미래가 달려 있는 이 중차대한 정치적 혼란기에, 커뮤니케이션 전공 교육이 제대로 된 본령을 찾아가는 작은 실마리가 될 수 있다면 더 이상 기쁜 일이 없을 것이다.

불통의 아이콘
서울대생들이 소통을 한다?

초판 1쇄 인쇄 2016년 12월 23일
초판 1쇄 발행 2016년 12월 28일

엮은이 윤석민 · 한수연
펴낸곳 서울대학교출판문화원
펴낸이 성낙인

책임 편집 현우진
디자인 장혜원

출판등록 제15-3호
주소 (08826) 서울 관악구 관악로 1
대표전화 02-880-5252 | 팩스 02-888-4148
마케팅팀(주문상담) 02-889-4424, 02-880-7995
이메일 snubook@snu.ac.kr
홈페이지 www.snupress.com

ISBN 978-89-521-1906-3 03300

이 저서는 2016년도 서울대학교 언론정보연구소의 연구지원을 받아 수행된 연구임.

IBK 커뮤니케이션 센터는 서울대학교 소통 교육의 요람이다.
2014년, 한국에 지어진 모든 교육용 건축물 중 최우수상을 받았다.
서울대학교 정문을 들어서서 대운동장을 지나면 바로 시작되는
민주화의 길(the Path of Democracy) 초입에 자리 잡고 있다.